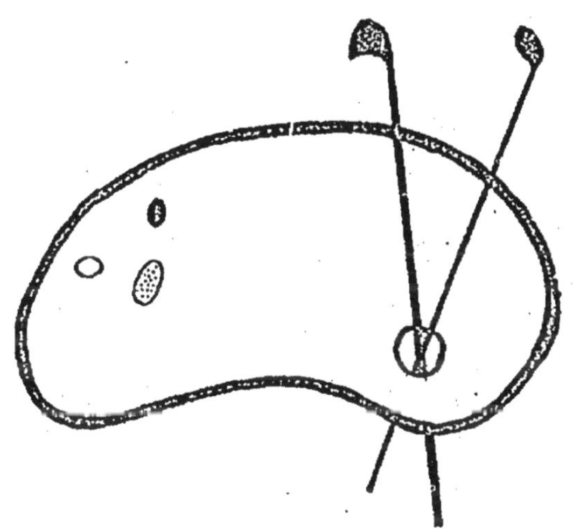

UN SOCIALISTE PRATIQUE

ROBERT OWEN

PAR

Auguste FABRE

AVEC INTRODUCTION

Par CHARLES GIDE

Professeur d'Économie politique à l'Université de Montpellier.

NIMES

BUREAUX DE « L'ÉMANCIPATION »

4, Plan de l'Aspic, 4

1896

Nimes, Imp. Vve Laporte, ruelle des Saintes-Maries, 7. — 490

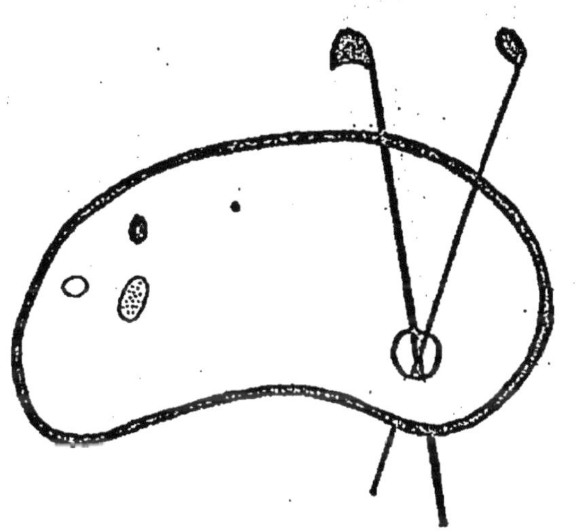

FIN D'UNE SERIE DE DOCUMENTS
EN COULEUR

ROBERT OWEN

UN SOCIALISTE PRATIQUE

ROBERT OWEN

PAR

Auguste FABRE

AVEC INTRODUCTION

Par CHARLES GIDE

Professeur d'Économie politique à l'Université de Montpellier.

NIMES

BUREAUX DE « L'ÉMANCIPATION »

4, Plan de l'Aspic, 4

1896

AU LECTEUR

En publiant un abrégé de la vie de Robert Owen, mon intention a été de montrer aux ouvriers comment les courants socialistes qui, aujourd'hui, agitent si profondément les classes ouvrières et servent souvent de tremplin politique, ont été précédés, dans la première moitié de ce siècle, d'une propagande très intense dont la génération actuelle ne peut percevoir que les échos affaiblis.

Les économistes qui ont étudié les doctrines des réformateurs sociaux de cette époque l'ont fait, la plupart du temps, avec un parti-pris évident ; et l'image qu'ils nous ont laissée des travaux et des tendances de ces réformateurs nous les montre comme des utopistes construisant, avec une grande exubérance imaginative, des palais magnifiques et prédisant de grandes transformations sociales que la pratique ne sanctionnerait jamais.

Les socialistes de l'époque prêtaient d'ailleurs à la critique, en ce seus, que chacun, s'enfermant dans son idéal exclusif, disait facilement : « Prenez mon système, le plan du voisin ne vaut rien. » C'est un peu ce que Fourier disait d'Owen.

Mais, à cinquante ans d'intervalle, de grands changements se sont produits. Des essais de solution partielle des problèmes sociaux ont lieu un peu partout.

Les idées généreuses que l'on croyait écartées pour toujours s'imposent avec une nouvelle force. C'est pour en indiquer les origines que j'écris ce petit livre. Heureux si mes amis, les ouvriers, auxquels je le dédie, y trouvent quelque intérêt ou quelque profit !

Nimes, 1896.

A. F.

INTRODUCTION

Dans une période comme celle que nous traversons, où les savants ne parlent que de lutte pour la vie, les économistes que de concurrence et les socialistes que de haine, — c'est le mot d'ordre que M. Jaurès donnait récemment à la tribune, — il fait bon revenir à ces socialistes, traités aujourd'hui dédaigneusement d'utopistes parce qu'ils ont eu foi dans des principes tout opposés, à savoir : la paix, la coopération et l'amour.

Dans la longue procession de ces débonnaires, portant les palmes vertes à la main, et qui ne s'est jamais interrompue à travers les siècles, commençant à Platon et finissant à Cabet, deux figures se détachent avec un relief admirable : en France, Charles Fourier, en Angleterre, Robert Owen.

Nous avons essayé de faire revivre la physionomie bizarre et, quand on la regarde de près, si fascinante du premier (1) : voici une brochure qui nous raconte la vie et les travaux du second, et qui vient d'autant

---

(1) *Œuvres choisies de Ch. Fourier*, par Ch. Gide, avec introduction, chez Guillaumin.

plus à propos, que malgré sa célébrité, le grand socialiste de New-Lanark est peu connu en France.

Tous deux contemporains et s'occupant à peu près du même sujet l'Association, Fourier et Owen ne se rencontrèrent pourtant jamais, se connurent peu, se jugèrent mal et s'exprimèrent même en termes peu bienveillants sur le compte l'un de l'autre. Quel regret de penser que ces deux grands coopérateurs n'aient pas pu, ou n'aient pas voulu coopérer dans leurs plans de réforme sociale!

Mais les esprits vraiment originaux sont toujours des esprits jaloux qui suivent seuls leur chemin. Heureusement l'avenir se charge de réunir dans une collaboration posthume ceux qui ne sont plus, ceux mêmes qui se sont querellés — et à cette heure le mouvement coopératif dans le monde est certainement poussé par la double action d'Owen et de Fourier et alimenté par la fusion de leurs idées.

Au reste, malgré une certaine communauté de vues, — et même de vies, puisqu'ils ont l'un et l'autre débuté dans le commerce — il y avait entre les caractères de ces deux grands socialistes des différences et même des antagonismes irréductibles.

Fourier était un esprit prodigieusement imaginatif, qui, sans beaucoup sortir de son cabinet, construisit un monde supra-terrestre qui s'étendait jusqu'aux étoiles inclusivement. Il débuta, il est vrai, par les affaires, mais il n'y réussit pas et n'en rapporta qu'une horreur inconcevable pour le commerce et l'industrie. Owen, au contraire, était un socialiste pratique — c'est le sous-titre que l'auteur a donné à bon droit à son étude — mieux encore : il avait le génie des affaires, et la lecture de sa biographie montrera qu'il y réussit admirablement et qu'il y gagna des millions. Il devint un des premiers industriels de son temps, et c'est dans son petit royaume qu'il appliqua toutes ses réformes sociales et philantropiques. Et même, quand il fondait ses sociétés communistes, qui ont été des expériences manquées, du moins il ne se contentait pas de les organiser sur du papier, mais c'est sur les lieux, en se rendant lui-même dix fois en Amérique, qu'il essaya de les réaliser.

L'un et l'autre attachaient une importauce énorme à l'éducation. Mais Fourier était un libéral, — un libertaire, comme disent aujourd'hui les anarchistes, qui, à bien des égards (dans ce qu'ils ont de bon) procèdent de lui — et l'éducation n'avait pour lui d'autre rôle que de discerner, de dégager et de développer les instincts naturels de l'homme, les instincts, disait-il, donnés par Dieu. Owen était au contraire un déterministe à outrance, et l'éducation, d'après lui, avait la vertu de créer l'homme de toutes pièces : il pensait que l'individu est uniquement le produit de l'éducation et du milieu et qu'il suffirait, par conséquent, de changer le système d'éducation et le milieu pour créer des hommes nouveaux : « Si l'on échangeait, disait-il, dès la naissance un égal nombre d'enfants entre la Société des Amis (une secte protestante ascétique) et la population de Saint-Gilles, à Londres (le quartier le plus dépravé de Londres), les enfants de quakers deviendraient en grandissant capables de toute espèce de crimes, tandis que les enfants des criminels deviendraient tempérés, bons et moraux. » Il y a dans cette assertion, comme dans toute erreur, une âme de vérité; mais ce serait une véritable aberration que d'en faire, comme le fit Owen, le fondement d'une philosophie sociale. Il ne savait pas, sans doute, que Voltaire avait été élevé dans un collège de jésuistes, et il lui aurait suffi, du reste, de regarder à lui-même pour réfuter sa doctrine. Etait-il donc un produit fatal de l'éducation et du milieu, cet Owen qui, élevé dans le milieu industriel de son temps, l'avait battu en brèche, ce capitaliste qui s'était fait communiste? Ses biographes l'appellent, avec raison, un *self made man*, un homme qui s'est fait lui-même ; mais cette fière expression anglaise n'implique-t-elle pas un démenti à la théorie d'Owen, puisque se faire soi-même c'est justement réagir contre le milieu et les circonstances et, loin d'être déterminé par elles, les faire servir à ses fins ?

Owen n'avait pas les conceptions géniales d'un Fourier ou d'un Saint-Simon. Il n'était pas un savant ; il n'a point écrit d'ouvrage de longue haleine, mais bien un nombre infini de brochures, de ces petits traités qui répondent si bien au génie et aux goûts des Anglais et qu'ils sèment avec une prodigalité qui nous semble un peu ridicule mais qui est plus efficace qu'on ne pense.

Fourier nous raconte que tous les jours il rentrait à midi, parce que c'était l'heure qu'il avait fixée pour attendre les capitalistes qui voudraient essayer son système. Owen ne les attendait pas chez lui au coin de son feu : il courait les chercher lui-même par tous les chemins d'Europe et d'Amérique. Et d'ailleurs, il fut lui-même son propre capitaliste et son propre expérimentateur. Il mena pendant 80 ans la vie la moins contemplative et la plus active qui se puisse imaginer. Aucun autre socialiste n'a plus fait que lui : d'autres lui sont de beaucoup supérieurs par l'éloquence, par la hardiesse, ou la profondeur des idées, par la puissance critique ; d'autres ont plus démoli et par là même se sont fait un plus grand nom dans le monde, mais aucun, je le répète, n'a exercé une action plus efficace et n'a réalisé des réformes sociales plus certaines. On peut même dire que les deux seules grandes expérimentations socialistes qui aient réussi en ce siècle, lui sont dues l'une et l'autre.

La première, c'est le mouvement coopératif : — il procède d'Owen par une filiation directe et incontestée. Les Pionniers de Rochdale ont déclaré eux-mêmes qu'ils s'inspiraient des idées d'Owen. Sans doute le mouvement coopératif a pris des allures plus conservatrices, disons si l'on veut, plus bourgeoises que celles que rêvait Owen, mais les idées maîtresses de la coopération, à savoir : l'économie réalisée par l'achat des denrées en commun, la justice réalisée par l'attribution aux travailleurs du produit de leur travail, les hommes échangeant directement leurs produits et leurs services par le moyen de l'association, sur la base du travail égal contre travail égal, et non pas par le canal d'intermédiaires parasites, — ce sont bien là les idées auxquelles Owen avait consacré sa vie. Et les dépenses d'instruction qui tiennent une si grande place dans les sociétés coopératives d'Angleterre et donnent à la coopération dans ce pays un caractère si élevé, sont certainement un des traits où l'on reconnaît l'influence de l'homme qui pensait — à tort d'ailleurs comme nous l'avons dit — que l'éducation était tout et suffirait à changer les hommes et le monde. (1)

La seconde, c'est la législation ouvrière. Tout l'ensemble des mesures que l'on désigne sous ce nom et qui tendent à relever la condition de l'ouvrier de fabrique, toutes sans exception, pourrait-on dire, Owen les a indiquées, les a réalisées dans son usine et a travaillé à les faire inscrire dans les lois de son pays. Il suffit de rappeler l'institution d'économats pour fournir aux ouvriers des denrées de meilleure qualité et à meilleur compte, la construction de maisons ouvrières, les enfants exclus des ateliers et installés dans des maisons d'école et des crèches, l'ouverture de lieux de récréation pour les ouvriers, toutes ces innovations qui nous paraissent aujourd'hui banales mais qui semblaient alors le marquer comme un cerveau fêlé. Dans la commission d'hygiène de Manchester *(Manchester Board Health)*, il prit une part active et prépondérante à l'enquête qui

---

(1) Voyez page 55.

devait aboutir à la promulgation de la première grande loi ouvrière, l'Act de 1802 qui limitait à douze heures la journée de travail des enfants et défendait le travail de nuit. Il n'avait pas alors 30 ans, mais trente ans plus tard, en 1834, il montrait la même intelligence des intérêts de la classe ouvrière, en prenant la défense des Trades-Unions, alors fort attaquées et fort irritées, et en présentant lui-même leur pétition au gouvernement.

Il semble qu'il y ait quelque contradiction entre ces deux buts : — le socialisme d'Etat en effet c'est l'autorité, c'est la réforme réalisée par la contrainte ; la coopération, c'est la liberté, c'est la réforme réalisée par les bonnes volontés. Aussi, à cette heure, ces deux grands partis sont-ils plutôt antagonistes et l'on voit les coopérateurs répudier hautement le socialisme d'Etat.

Il est intéressant de constater que cette opposition n'existait pas dans l'esprit d'Owen. Pourquoi? On l'a expliqué en disant qu'Owen avait d'abord cherché à convertir le gouvernement à ses plans de réformes sociales et que c'est seulement après avoir constaté la mauvaise volonté, l'inertie et l'impuissance du gouvernement de son temps à réaliser des réformes sociales efficaces qu'il songea à demander à l'association libre ce que la loi n'avait pu lui donner.

Cette explication parait peu satisfaisante puisqu'elle supposerait que dans la pensée d'Owen la coopération n'aurait été qu'une sorte de pis-aller. Nous serions plutôt disposés à croire qu'Owen considérait les réformes législatives comme la condition préalable du développement des associations coopératives. Ayant pour principe fondamental que l'individu est déterminé par le milieu où il vit et par l'éducation qu'il reçoit, il ne pouvait guère admettre que des associations coopératives puissantes pûssent germer spontanément dans un milieu social où la classe ouvrière vivait dégradée, abrutie, incapable même d'élever ses aspirations vers un état supérieur. Il fallait au préalable que l'Etat, d'office, améliorât, assainît, relevât le milieu social par des mesures d'éducation, d'hygiène, d'assurance, de limitation du travail, pour qu'on y vît germer ces individualités fortes qui font seules les associations libres; de même qu'une terre envahie par les ronces, le chiendent ou les marais, doit être défrichée par le fer ou le feu avant que le semeur puisse y faire pousser les épis.

Et c'est là tout à fait notre sentiment : la coopération ne peut donner des résultats utiles que dans un sol bien préparé, et les réformes législatives nous paraissent indispensables à cette préparation. Au reste l'histoire économique de l'Angleterre justifie elle-même à merveille le double programme d'Owen, puisque nous y voyons depuis un demi-siècle la législation ouvrière et le mouvement coopératif se développer parallèlement, et il est très probable que sans le concours de ces lois, la coopération — bien que les coopérateurs imbus des principes de l'école libérale ne soient pas disposés à le reconnaître — n'aurait pas pris un si merveilleux développement.

Cependant la coopération n'a pas suivi tout à fait le programme d'Owen; elle s'en est écartée — très heureusement à notre avis, très malheureusement suivant les disciples fidèles du maître — sur un point d'une importance essentielle, sur la question du rôle qu'il convient d'assigner au capital. Sur cette question les deux grands socialistes professaient des doctrines très opposées. Fourier admettait pleinement la légitimité de la propriété du capital et lui réservait même une part notable, un tiers du produit intégral (c'est-à-dire probablement autant ou plus que ce qu'il touche en réalité aujourd'hui sous le nom de profit), le reste étant réservé au travail et au talent.

Owen, au contraire, niait absolument la légitimité du capital et du profit, de même que toutes les formes de la propriété individuelle. Pour lui, tout le produit, le produit intégral, devait appartenir uniquement au travail; quant au profit, c'était le vice, le cancer de notre organisme social, qu'il fallait à tout prix extirper. En cela le collectivisme marxiste peut réclamer Owen parmi ses pères, mais en ce qui concerne le mouvement coopératif, il faut reconnaître que ce ne sont nullement les vues d'Owen, mais plutôt celles de Fourier qu'il a réalisées, car les sociétés coopératives de consommation, de production, et les institutions qui pratiquent la participation aux bénéfices, comme le Familistère de Guise, admettent le capital et lui font une place — subordonnée sans doute, la place du serviteur et non celle du maître qu'il occupe dans le régime économique actuel — mais enfin elles reconnaissent ses services, et consentent à les payer.

Et sur ce point encore la doctrine de Fourier nous paraît mieux scientifiquement assise que celle d'Owen.

Il faudrait mentionner encore à l'actif d'Owen une autre idée, celle de l'internationalisme qui touche de si près au socialisme et qui en représente peut-être le côté le plus lumineux et celui par lequel il pourra rallier le plus d'esprits généreux. Owen, longtemps avant qu'il existât des Sociétés, des Ligues pour la paix et l'arbitrage, avait préconisé ces institutions et ici encore il ne s'en tint pas à des phrases, mais il s'y employa de toutes ses forces. On verra dans sa biographie qu'en 1846, pour prévenir une guerre entre les Etats-Unis et l'Angleterre, quatre fois en deux ans il traversa l'Atlantique, et son intervention ne fût certainement pas inutile à la solution amiable qui intervint.

Voilà des titres suffisants pour la gloire d'un et même de plusieurs hommes. Quand au lit de mort d'Owen, le ministre qui l'assistait — quoique Owen eut toujours déclaré qu'il considérait toutes les religions comme un mal — lui demanda « s'il ne regrettait pas la folle dépense de sa vie en des plans non acceptés et dans des efforts sans fruits ? » cette question quelque peu sévère lui valut cette réponse hautaine : « Non Monsieur, ma vie n'a pas été dépensée inutilement. J'ai proclamé d'importantes vérités, et si elles n'ont pas été reçues par le monde, c'est que le monde ne les a pas comprises : pourquoi l'en blâmerais-je ? je suis en avance sur mon temps. » Le Révérend dût être quelque peu scandalisé par ces paroles qui rappellent celles de St-Jean en parlant du Christ : « Il est venu dans le monde, mais le monde ne l'a point connu. » Et elles n'étaient pas très justes dans cette circonstance, car, à vrai dire, Owen n'avait pas eu précisement à se plaindre de l'accueil que le monde avait fait à ses doctrines et à sa personne, puisqu'il avait trouvé au contraire dans sa longue vie plus de sympathie et une plus respectueuse audience que la plupart des réformateurs — mais il ne disait rien de trop en affirmant qu'il avait proclamé des vérités importantes et qu'il était en avance sur son temps.

Que peut-on demander de plus à un réformateur?

Ch. Gide

UN SOCIALISTE PRATIQUE

ROBERT OWEN

I

Enfance et adolescence. — Initiation commerciale

Robert Owen naquit le 14 mai 1771, à Newtown, comté de Montgomery, Angleterre.

Son père exerçait la profession de sellier. Sa mère était fille d'un fermier du voisinage. Ils eurent sept enfants, Robert fut le sixième.

L'intelligence et les goûts studieux de l'enfant le firent remarquer dès ses premières années. Il avait tout au plus sept ans que l'instituteur de la localité lui confiait déjà le poste de moniteur dans l'école.

L'ecclésiastique et le médecin de sa ville natale, qui l'avaient pris en réelle affection, mirent leurs bibliothèques à sa disposition. Il lut ainsi *Robinson Crusoë*, *Philipp Quarles*, *Pilgrim's Progress* et autres ouvrages destinés à éveiller dans l'âme des enfants l'énergie individuelle.

A dix ans, 1781, il avait commencé son apprentissage à Newtown. La même année, il quitta cette ville pour se rendre à Londres, où son frère aîné s'était établi en qualité de sellier. Bien reçu par celui-ci, choyé par sa belle-sœur, Owen resta environ six semaines dans la capitale, cherchant activement un emploi. Les amis de son père, après quelques démarches, réussirent à le placer chez M. James M'Cuffog, directeur d'un grand établissement de draperie à Stamford, dans le Lincolnshire.

M. James M'Cuffog, fils de ses œuvres, avait débuté comme colporteur; ses qualités et son intelligence l'avaient conduit au succès et lui avaient permis de fonder une maison de commerce qui était devenue le rendez-vous de toute la clientèle riche du Comté. Il remarqua bientôt le jeune Owen, le prit en amitié et lui prêta des livres choisis. Owen qui était libre vers les quatre heures du soir et qui, de plus, était très matinal, employa utilement ses loisirs. Il avoue lui-même avoir lu quatre ou cinq heures par jour pendant les quatre années qu'il passa à Stamford. Ses lectures variées lui formèrent l'esprit, et le contact de la clientèle riche lui donna l'usage du monde.

Owen désirait vivement retourner à Londres et travailler dans les grands magasins de la Cité. En conséquence il décida son départ de Stamford, malgré tous les efforts que l'on fit pour le retenir. Il partit en 1785 muni d'excellents certificats et se rendit dans la capitale, où il trouva immédiatement un emploi chez MM. Flint et Palmers, grands négociants en draps. Logé, nourri, payé à raison de 850 francs par an, ayant des goûts simples, ne buvant et ne fumant jamais, Owen se croyait riche.

Dans la maison Flint et Palmers le travail était rude. Dès huit heures du matin, les commis devaient se présenter en tenue irréprochable. Le coiffeur les frisait, les pommadait tous les matins. Les clients étaient reçus jusqu'à dix heures du soir. Après la fermeture des magasins, et souvent jusqu'à une heure du matin, on rangeait les marchandises afin que tout fut propre et bien en ordre le lendemain, au moment même de la réouverture.

Soumis à un pareil régime, Owen conçut bientôt des craintes pour sa santé et chercha un autre emploi. Il le trouva chez M. Satterfield, de Manchester, où il entra en 1786 et resta jusqu'en 1789, c'est-à-dire de sa quinzième à sa dix-huitième année. Il était logé, nourri et touchait un salaire de 1,000 fr. par an.

II

Initiation industrielle

Robert Owen était alors un jeune homme actif, ponctuel, consciencieux et clairvoyant. Chargé par la maison Satterfield de recevoir les livraisons de marchandises, il fit connaissance avec un ouvrier treillageur, nommé Jones, qui fournissait des carcasses métalliques pour chapeaux. Celui-ci décrivit à Owen les nouvelles inventions pour filer le coton, et dit qu'il y avait une fortune à faire dans cette voie.

Owen était naturellement porté à rechercher toute nouvelle méthode pouvant perfectionner le travail manuel. Il avait entendu parler des récentes découvertes des Hargreaves, des Arkwright, des Crompton et des Watt, et saisissait très bien qu'elles offraient la possibilité de transformer entièrement l'industrie. Aussi écouta-t-il les propositions de Jones qui, de son côté, cherchait à se mettre au courant des nouvelles machines à filer le coton.

Une association fut décidée entr'eux (1789), et Owen ayant emprunté à son frère 2,500 fr., abandonna le commerce et se jeta dans l'industrie. C'est avec ce mince capital et les quelques connaissances pratiques de son associé, qu'il entama la construction des nouvelles machines dites *mules-jenny*.

Owen n'avait aucune notion en mécanique, mais il entendait les affaires, connaissait la comptabilité et surtout l'art de surveiller les hommes qu'il employait.

Les nouveaux associés s'entendirent avec un entrepreneur de bâtisse pour la construction de leur atelier et des annexes nécessaires au filage du coton. Ils obtinrent crédit pour le bois, le fer et les métaux indispensables à cette fabrication. Très peu de temps après, ils avaient quarante ouvriers occupés à leurs constructions mécaniques.

Sous la direction intelligente d'Owen, les affaires marchaient à merveille. Un riche capitaliste demanda alors à entrer dans l'association et supposant que Jones avait mieux que son associé les connaissances techniques, il s'entendit avec lui et offrit à Owen de prendre son lieu et place. Owen qui, de son côté, avait constaté l'insuffisance de son associé et désirait probablement rompre l'association, s'empressa d'accepter les propositions qui lui étaient faites. Il fut convenu qu'il recevrait pour sa part six *mules-jenny* toutes prêtes, une dévideuse et une machine à empaqueter.

Au moment de la séparation, il ne reçut que trois *mules-jenny* et les deux autres machines. C'est avec ce mince outillage que, à peine âgé de 19 ans, il s'installa à Ancoats Lane, Manchester. Aidé de trois ouvriers, il commença à filer du coton qu'il vendit aux fabricants de mousseline. Au bout d'un an, il avait réalisé un bénéfice de 7,500 fr. C'était un beau résultat. Il s'explique par le fait que le fil qu'Owen s'était mis à fabriquer était justement celui employé dans la confection de la mousseline dite des Indes, industrie récemment introduite en Angleterre par M. Oldknow, de Stockport. Cet article valait soixante fois moins cher 70 ans après.

Owen aurait pu continuer cette fabrication et l'accroître progressivement, mais il jugea plus avantageux et plus prudent de se joindre à une puissante maison.

Ayant appris que le directeur de l'usine de M. Drinkwater, à Manchester, quittait son emploi, Owen se présenta pour le remplacer. Son jeune âge fit hésiter M. Drinkwater qui prit d'abord la chose en plaisantant

— Combien de fois vous êtes-vous enivré dans votre vie ? lui demanda-t-il en riant.

— Cela ne m'est jamais arrivé, répondit fièrement Owen.

— Et quels appointements demandez-vous ?

— 7,500 fr. par an.

— Comment, 7,500 fr. ? Mais toutes les demandes réunies que j'ai reçues ce matin, pour ce même emploi n'atteignent pas ce chiffre !

— Je n'ai pas à me baser sur ce que les autres peuvent demander, répondit Owen, mais je ne puis accepter moins, puisque je gagne cette somme en dirigeant mes propres affaires.

Il offrit alors à M. Drinkwater de contrôler ses affirmations, en visitant son établissement et en vérifiant ses livres.

M. Drinkwater accepta et, après s'être assuré de la sincérité d'Owen et de l'honorabilité de son caractère il l'engagea aux appointements demandés et lui acheta son outillage au prix de revient. On était alors en 1791 et Owen avait 20 ans.

III

Habileté et renommée d'Owen comme chef d'industrie

Dans cette nouvelle position Owen avait fort à faire, et ce n'est pas sans quelque doute sur ses propres forces qu'il commença ses nouvelles fonctions. Mais, ayant recherché et accepté l'emploi de plein gré, il résolut de faire tout le possible pour être à la hauteur des circonstances.

L'usine qui lui était confiée était considérée comme l'une des plus importantes de l'époque. Elle comptait alors (1791) 500 ouvriers, et M. Lee, le directeur, auquel succédait R. Owen, passait pour un homme des plus entendus dans son métier. Owen étudia d'abord attentivement les plans des machines laissés par son prédécesseur; puis, pendant six semaines consécutives, il examina silencieusement toute l'usine, donnant sobrement des ordres sur ce qu'il y avait à faire, et répondant simplement par oui ou par non aux questions qui lui étaient adressées. Il laissait marcher les choses comme auparavant, cherchant par une surveillance attentive à se rendre compte des moindres détails, avant de tenter les améliorations qui lui paraîtraient nécessaires.

L'établissement avait déjà à cette époque une grande réputation pour la finesse de ses filés. Néanmoins Owen très attentif à son travail et toujours tourmenté du besoin de perfectionner les produits, eut bientôt réussi à améliorer encore la qualités des filés de l'usine.

En une année de travail, il arriva à porter le numéro 120 à 300; ce qui signifie qu'il tirait d'une livre de coton 300 écheveaux au lieu de 120 (chaque écheveau contenant une longueur fixe de 840 yards). C'était un progrès et un profit considérable, car ces fils fins n° 300 se payaient 50 pour % plus cher, et encore ne pouvait-on suffire aux commandes des fabricants de mousseline.

Pour arriver à un pareil résultat, il fallait des matières de premier choix. Owen s'appliqua spécialement à l'étude des diverses qualités de coton; il acquit une si grande habileté dans l'appréciation de la marchandise, qu'il passa bientôt pour un connaisseur de premier ordre. D'autre part, afin de distinguer sa nouvelle fabrication de fils fins, des fils qui restaient encore en magasin, Owen mit son nom sur tous les paquets du nouveau produit. Cette simple opération lui donna une réputation personnelle considérable chez tous les fabricants de mousseline.

Les affaires marchaient bien; elles ne se ressentirent même pas de la grande crise qui atteignit le coton en 1792. M. Drinkwater était riche; il résista à la hausse excessive qui se produisit alors, pendant que sombraient la plupart de ses concurrents.

Le grand manufacturier qui, sans venir à l'usine, se tenait très au courant de ce que faisait son jeune directeur et qui voyait monter la réputation de sa maison, reconnut qu'en prenant Owen il avait fait l'acquisition d'un homme peu ordinaire. Il l'invita à se rendre à sa campagne ayant, dit-il, une importante communication à lui faire.

Owen partit le cœur ému, l'esprit plein d'inquiétude; il était jeune et se défiait beaucoup de lui-même.

Dès son arrivée, il fut introduit dans le cabinet de travail du grand manufacturier, et M. Drinkwater lui parla en ces termes : « Je vous ai fait venir pour vous proposer une affaire importante. Depuis votre entrée chez moi, j'ai surveillé votre conduite et me suis minutieusement renseigné à cet égard. J'ai le plaisir de vous dire que je suis très satisfait de tout ce que vous avez fait et très désireux de vous voir prendre la résolution de rester toujours avec moi. J'ai consenti à vous allouer la première année 300 livres (7,500 fr.), la seconde année 400 livres (10,000 fr.), cette année-ci vous touchez 500 livres (12,500 fr.), et comme j'ai deux fils qui grandissent, l'an prochain vous serez associé avec eux et vous aurez le quart des bénéfices. Mieux que personne vous pouvez déjà vous rendre compte de ce que cette situation vous vaudra. Que répondez-vous à cette proposition ?

— « Je la trouve très généreuse et je l'accepte volontiers, » répondit Owen.

— « En ce cas, « reprit M. Drinkwater, » le traité va être dressé tandis que vous êtes ici et vous en emporterez le double en rentrant à l'usine. » Ce qui fut fait.

Rien ne semblait devoir rompre la bonne harmonie qui existait entre Owen et son patron, quand un incident imprévu survint.

Un riche manufacturier, très haut placé dans l'industrie, demanda et obtint la main de la fille de M. Drinkwater; puis, désirant que les usines de son beau-père restassent entre les mains de la famille, il demanda la résiliation du traité passé avec Robert Owen.

M. Drinkwater fit appeler ce dernier. Owen, qui avait eu vent de la chose, prit le contrat d'association qui devait entrer en vigueur l'année suivante, et se rendit chez le patron. Celui-ci lui fit part du mariage projeté pour sa fille et du désir qu'avait son gendre de garder dans la famille toute la propriété de l'affaire. « Vous avez actuellement, » continua-t-il, « 12,500 fr. d'appointements par an, ajoutez ce que vous voudrez, j'y acquiesce à l'avance. »

Owen, outré, tira de sa poche le contrat d'association et le jeta vivement au feu en disant : « Je brûle notre contrat ; je ne veux pas de rapport avec qui ne tient pas à moi ; à aucun prix je ne resterai directeur de votre établissement. »

Il est facile d'imaginer combien une telle action frappa M. Drinkwater. Tout ce qu'il put obtenir, fut qu'Owen resterait à son poste jusqu'à ce qu'on eut trouvé son successeur.

Dès cette époque, 1791, la réputation de Robert Owen était grande, aussi n'eut-il que l'embarras du choix pour se faire une position nouvelle. A peine sa résolution de quitter M. Drinkwater fut-elle connue, qu'il reçut de divers côtés des propositions.

M. Samuel Marsland, filateur important, lui offrit de l'associer pour un tiers dans les bénéfices de sa maison. Owen refusa, réclamant la moitié. MM. Moulson et Scarth lui firent aussi des ouvertures sur la base d'un partage égal entre eux trois et la direction à la charge d'Owen. Enfin, celui-ci se décida en faveur de Chorlton Twist Company, à Manchester. Cet établissement dépendait à la fois de la maison Borrowdale et Atkinson, de Londres, et de la maison Barton, de Manchester. Owen entra comme associé et partagea la direction avec John Atkinson, frère d'un des associés.

L'ancienne et importante maison Borrowdale et Atkinson était réputée pour l'excellence de ses produits; Owen, de son côté, passait pour le plus habile filateur de la contrée; ces deux conditions contribuèrent à assurer la prospérité de la nouvelle association. Celle-ci obtint bientôt, pour ses produits, des prix plus élevés, et réalisa des bénéfices de plus en plus satisfaisants. Owen entrevoyait de nouveau devant lui un brillant avenir.

IV

Première collaboration aux lois protectrices des classes ouvrières

Owen n'était pas homme à s'enfermer exclusivement dans des spéculations commerciales; son activité d'esprit le portait à étudier toutes choses. Il habitait Manchester depuis quelques années, et Manchester était déjà un grand centre de culture intellectuelle en même temps qu'un centre d'affaires. La ville comptait deux Sociétés d'hommes instruits : *Manchester Litterary and Philosophical Society* et *Manchester Collège Society*. Owen fut élu membre de la première et dans les séances se lia avec des hommes tels que le docteur Percival, président; John Dalton, qui devint un éminent philosophe; le docteur Ferrier, auteur de la *Théorie des apparitions* et autres ouvrages, etc., etc.

Owen avait de 20 à 25 ans à l'époque dont nous parlons. De quelles capacités naturelles, de quel amour de l'étude devait-il être doué, pour avoir pu se mettre en état de participer, si jeune, aux délibérations et aux travaux de ses savants collègues, lui qui avait quitté l'école de son village avant d'avoir achevé sa dixième année et qui, depuis, avait donné une si grande part de son temps et de ses pensées aux questions de commerce et d'industrie ! Cependant, il en fut ainsi. Les faits établissent qu'il fournit régulièrement des rapports qui prirent une place importante dans les publications de *the Litterary and philosophical Society*. Ses collègues l'estimaient beaucoup et tenaient grand compte de ses avis.

Ce fut au sein de cette même Société que commença l'agitation qui prépara et amena la loi sur les manufactures, votée en 1802. Le système d'apprentissage en vigueur avant cette loi soulevait une foule d'inconvénients.

Les enfants pauvres et abandonnés de leurs parents tombaient à la charge des paroisses. Pour s'en débarrasser, celles-ci les livraient aux manufactures dès l'âge de sept ans, quelquefois même plus jeunes ! L'alimentation, le logement et le traitement général de ces pauvres petits étaient tels que des maladies graves naissaient et se propageaient dans les centres industriels,

En janvier 1796, la question fut portée devant le *Manchester Board of Health (Conseil d'hygiène).* Le docteur Percival fut chargé du rapport. Robert Owen, très au courant des abus commis dans les manufactures, aida le docteur dans son travail. Après avoir relevé un grand nombre de faits, le rapport concluait au projet d'une loi sur l'apprentissage. Ce fut sur ce rapport que s'appuya le premier ministre, Robert Peel, lorsqu'il soutint la loi qui fut votée en 1802 par la Chambre des Communes.

Robert Owen se préparait ainsi au rôle qu'il devait jouer dans l'amélioration des conditions de travail et d'existence des classes laborieuses.

V

Rencontre de Robert Owen et de Robert Fulton

Un fait à noter et qui se produisit en 1794, pendant le séjour d'Owen à Manchester, fut sa rencontre avec Robert Fulton. Tous deux se trouvèrent logés au n° 8, Brazenose Street. Fulton était alors pauvre et inconnu. Il raconta à Owen qu'il avait inventé une machine à draguer les canaux et à enlever plus rapidement et plus économiquement les terres; mais il lui avoua aussi qu'il n'avait aucune chance de tirer parti de son invention, parce que les dépenses préliminaires et les frais des brevets avaient épuisé toutes ses ressources.

Owen, dont l'esprit était ouvert à tous les progrès, fournit généreusement l'argent nécessaire pour que Fulton pût se rendre à Gloucester, afin d'y obtenir la concession du creusement partiel d'un canal alors en adjudication.

Peu de temps après, Owen et Fulton formèrent le

projet de s'associer. Les mémoires d'Owen reproduisent la minute de ce projet d'acte, mais aucune suite n'y fut donnée.

Ils étaient jeunes tous deux et ne possédaient qu'un capital insuffisant. Fulton rencontra l'appui d'un financier plus riche que son ami; Owen, lui aussi, trouva en même temps, dans une industrie qu'il connaissait à fond et où il s'était fait une réputation méritée, l'emploi de ses facultés et l'espérance d'une grande fortune. C'est alors qu'il fut chargé de la direction de Chorlton Twist Company. Ils allèrent donc chacun de son côté, sans que leur séparation affaiblit en rien leur amitié réciproque.

VI

Mariage de Robert Owen et de Miss Dale. Achat des usines de Lanark

Dans sa nouvelle fonction de directeur de « Chorlton Twist Company, » Robert Owen était chargé non-seulement de la direction de la fabrication du fil, mais encore de la vente des produits manufacturés par l'usine; il eut à faire beaucoup de voyages et à voir personnellement les clients de la maison. C'est alors qu'il comprit combien il avait été heureusement inspiré quand il avait mis son nom sur les bobines de filés fins, produits sous sa direction. Rien n'aurait pu le mieux faire connaître et mieux lui faciliter les affaires ultérieures.

Parmi les villes qu'il visita, se trouvait Glascow. A son premier voyage, en 1797, il avait alors 26 ans, un incident se produisit, qui devait avoir une grande influence sur sa vie : il rencontra inopinément dans une rue une personne avec laquelle il était en relation à Manchester. Cette personne, Miss Spear, accompagnait une jeune fille, Miss Dale, fille de M. David Dale, un grand filateur chez qui Miss Spear se trouvait en visite. Owen fut présenté.

Au cours de la conversation amenée par cette rencontre fortuite, Miss Dale demanda à Robert Owen s'il avait vu les chûtes de la Clyde et Lanark Coton Mills, l'établissement de son père.

Owen répondit négativement et ajouta qu'il serait heureux de faire cette visite. Miss Dale lui offrit alors une lettre d'introduction pour son oncle qui dirigeait l'usine. Owen accepta et se rendit à Lanark.

L'établissement comprenait quatre filatures et un village primitif admirablement groupés sur les bords de la Clyde. Des coteaux boisés l'encadraient; l'eau serpentait dans une charmante vallée ; l'aspect était des plus poétiques. Aussi le paysage fit-il une impression profonde sur l'âme de Robert Owen.

« De tous les sites que j'ai rencontrés, » dit-il à l'ami qui l'accompagnait, « c'est celui-ci que je préférerais pour tenter une expérience dont j'ai formé depuis longtemps le projet, et que je voudrais bien avoir l'occasion de mettre en pratique. » Il ne savait pas alors que son désir était sur le point de se réaliser.

De retour à Glascow, il se présenta chez M. Dale afin de remercier Miss Dale pour l'agréable voyage qu'elle lui avait procuré. Il arriva précisément au moment où la jeune fille se rendait à la promenade et sollicita la faveur de l'accompagner, puis celle de pouvoir la revoir encore.

Ses voyages périodiques l'appelaient souvent en Ecosse; il eut ainsi l'occasion de retourner plusieurs fois à Glascow et de revoir Miss Dale qui, accompagnée de ses sœurs, fit avec lui un certain nombre de promenades. Leur intimité s'en augmenta au point qu'Owen se hasarda à faire une proposition de mariage. Ses avances ne furent pas repoussées, mais à la condition expresse qu'il obtiendrait le plein consentement de M. Dale.

Comment obtenir ce consentement ?

Owen a peint lui-même sa vive inquiétude à cette question embarrassante.

M. Dale, propriétaire de grands établissements manufacturiers et commerciaux dans diverses parties de l'Ecosse et banquier à Glascow, était un homme remarquable à plus d'un titre. Son caractère élevé et sa haute situation commerciale faisaient considérer sa fille comme un des plus beaux partis de l'ouest de l'Ecosse. Owen, étranger à la région, n'était point riche, bien qu'il fût en voie de le devenir. Il sentait très bien qu'on l'interrogerait sur sa position et comprenait que ses réponses ne pouvaient être tenues pour bien satisfaisantes. Aussi cherchait-il un moyen d'aborder cette difficile question, sans engager trop vivement son amour-propre. Enfin, un prétexte pour obtenir une entrevue avec M. Dale se présenta inopinément à son esprit. M. Dale était d'un âge avancé et se sentait probablement surchargé de travail, Owen avait entendu dire que Lanark était à vendre. Saisissant ce propos, il sollicita une audience du riche manufacturier.

Introduit auprès de lui, il lui demanda si les bruits qui couraient touchant son intention de vendre Lanark avaient quelque fondement? M. Dale répondit affirmativement, mais il ajouta qu'il jugeait son interlocuteur trop jeune pour pouvoir se charger d'une entreprise aussi importante. Owen fit observer qu'il avait des associés plus âgés que lui et que les capitaux ne leur manqueraient pas. M. Dale réfléchit un instant, puis il demanda à Owen s'il avait visité les usines de Lanark? Owen répondit qu'il les avait parcourues sans en examiner tous les détails. « Eh bien, » dit le vieillard, « je vous engage à y retourner pour tout voir, tout examiner; puis, rentrez à Manchester, faites part de vos projets à vos associés et s'ils partagent vos vues, je suis prêt à entrer en négociation avec eux pour la cession de la propriété. »

L'expédient imaginé par Robert Owen prit ainsi la tournure d'une véritable affaire industrielle; et, comme il était déjà très attaché à Miss Dale, il résolut de faire tout son possible pour réussir dans cette opération, sachant bien que pour obtenir la main de la jeune fille, il fallait d'abord mener à bien les négociations commencées. Il s'empressa de communiquer ses projets à Miss Dale elle-même, car les deux jeunes gens s'entendaient à merveille. Il partit ensuite pour Lanark éloigné de Glascow d'une trentaine de milles.

Après s'être parfaitement renseigné sur l'état actuel des usines, avoir supputé les possibilités d'agrandissement qu'elles offraient et tout examiné attentivement, Owen retourna à Manchester.

Le rapport très détaillé qu'il fit à ce sujet, fut adressé par lui à ses co-associés : MM. Barrowdale et Atkinson, de Londres, et MM. Barton, de Manchester. Ces messieurs, qui connaissaient la sagacité commerciale d'Owen et savaient qu'il avait réussi dans ses diverses entreprises précédentes, firent à ses propositions un accueil favorable. Ils décidèrent d'ouvrir immédiatement les négociations avec M. Dale, et désignèrent deux d'entre eux pour accompagner Owen à Glascow.

Pendant cet intervalle, Miss Dale communiqua à son père les projets d'Owen, mais ce dernier, loin d'accepter cette alliance, la repoussa froidement en exprimant l'opinion qu'on n'entendrait probablement plus parler d'Owen et que sa proposition d'acquérir Lanark n'avait été qu'un prétexte.

Peu de jours après, Robert Owen et deux de ses associés : John Barton, de Manchester, et John Atkinson, de Londres, arrivèrent à Glascow. Tous les trois se présentèrent chez M. Dale et entamèrent les négociations. Le manufacturier fut agréablement surpris d'une visite qui dissipait les appréhensions qu'il avait pu concevoir sur Owen. Il pria ces messieurs de revenir le lendemain en leur promettant d'avoir obtenu alors les renseignements dont il avait besoin.

Les maisons Barrowdale-Atkinson, de Londres, et Barton, de Manchester, avaient une haute réputation dans le monde commercial; les renseignements furent donc favorables; aussi, lorsque les trois acquéreurs se présentèrent au jour convenu, M. Dale leur dit : « Je suis disposé à traiter avec vous pour la terre, le village et les usines de Lanark, mais je suis embarrassé pour en fixer le prix. C'est mon frère et une autre personne qui administrent pour moi cette propriété, je n'y vais que rarement, mes occupations principales me retenant à Glascow; mais, » ajouta-t-il, « M. Owen connaît mieux que moi la valeur de cette propriété; je voudrais qu'il nous fixât le prix qu'il jugerait convenable de lui donner. »

Un peu revenu de la surprise que causait cette question inattendue et après avoir un moment réfléchi, Owen répondit : « D'après l'inspection générale que j'ai faite de l'établissement, mon estimation est que 1,500,000 fr. payables par annuités de 75,000 fr. en vingt ans, seraient un prix équitable pour les deux parties. »

M. Dale passait pour un homme franc et honnête; il n'est point douteux qu'ayant eu l'intention de vendre, il n'eût arrêté dans sa pensée la somme qu'il voulait obtenir. Son appréciation concordait-elle avec celle d'Owen? Probablement, car il répliqua immédiatement : « Si tel est votre avis et si vos amis l'approuvent, j'accepterai votre proposition. » Les deux associés d'Owen ayant consenti, le marché fut conclu séance tenante, et Lanark passa des mains de David Dale à celles des nouveaux acquéreurs.

Il fut convenu que les nouveaux propriétaires entreraient en possession immédiate des établissements, mais un léger incident survint : Au centre du village se trouvait deux maisons ayant chacune un jardin : l'une était habitée par les administrateurs de l'usine, l'autre servait de lieu de villégiature aux filles de M. Dale; elles s'y trouvaient en ce moment-là. M. Dale offrit de faire évacuer immédiatement la maison, mais sa proposition fut accueillie par d'unanimes protestations, ce qui permit aux jeunes filles de séjourner à Lanark six semaines encore à la grande joie d'Owen.

Cinquante ans plus tard, il écrivait à ce sujet : « Miss Dale et moi nous avions ainsi de fréquentes occasions de nous voir; car nous faisions souvent avec ses sœurs de bonnes et longues promenades, dans ce beau pays sur les bords de la Clyde, et le temps que nous y consacrions s'écoulait à notre entière satisfaction. »

Pourtant M. Dale n'avait pas encore sanctionné les projets d'union caressés par Owen et par sa fille; mais, avec le temps, toutes les difficultés s'aplanirent, et le roman commercial se dénoua en 1799 par un heureux mariage. Owen avait alors 28 ans.

La cérémonie fut si simple et si intime, que pour la raconter rien ne vaut le récit d'Owen : « Notre mariage eut lieu dans la maison de M. Dale, Charlotte Sreet, près de la promenade de Glascow, où avait eu lieu notre première entrevue. La cérémonie, si l'on peut l'appeler de ce nom, célébrée conformément au rite écossais sur les mariages, me surprit grandement.

» Nous fûmes mariés par le révérend M. Balfour, un vieil ami de M. Dale, quoique M. Balfour appartînt à l'église régulière d'Ecosse, tandis que M. Dale était le chef d'une secte dissidente et indépendante.

» Les jeunes sœurs de la mariée lui servirent de demoiselles d'honneur.

» M. Balfour nous invita à nous lever, adressa à chacun de nous la question d'usage, et sans ajouter un mot de plus, dit : « En ce cas, vous êtes mariés; vous pouvez vous asseoir. »

Plus tard, M. Balfour expliqua à Robert Owen que la cérémonie était généralement plus longue et que l'usage était de faire aux jeunes époux une allocution sur leurs devoirs respectifs, mais qu'il n'avait pas cru devoir s'y conformer pour une enfant de M. Dale, celui-ci étant un homme dont les conseils et les exemples ne laissaient rien à désirer.

Après leur mariage, Owen et sa femme partirent pour Manchester; mais, de concert avec lui, ses associés décidèrent qu'il résiderait en Ecosse comme associé-directeur des nouveaux établissements. Il retourna donc à Lanark et se prépara à y mettre à exécution ses projets de réformes.

VII

Etat de l'industrie anglaise à la fin du XVIIIe siècle

Pour bien comprendre l'importance de la tâche qu'Owen avait entreprise, il faut se rendre compte de l'état de l'industrie à la fin du siècle dernier, des modifications qui furent introduites par l'intervention des machines et du rôle de celles-ci sur le sort des ouvriers.

Avant 1770, la grande industrie n'existait pour ainsi dire pas. Le travail de filature était un travail purement manuel qui s'exécutait dans le cottage ou la ferme où la famille travaillait et séjournait. Le rouet à manivelle qui servait à ce travail était la grande ressource, puisque tout être âgé de 7 à 80 ans pouvait y gagner le pain de la semaine. Les loyers étaient à bon marché ; la population, disséminée dans les campagnes, vivait des produits de la terre ; puis, la récolte enlevée, elle demandait au filage de la laine, du lin ou du coton, un supplément de travail qui ne lui manquait jamais.

Dans cette vie régulière, l'aisance était modeste ; mais le paupérisme était inconnu. Les travailleurs menaient de front, dans leurs petites fermes, leurs ouvrages agricoles et leurs métiers de tisserants ou de filateurs ; il en résultait que le lard, le lait, les œufs, les pommes de terre, les légumes et autres denrées ménagères qui se produisaient sur place étaient en abondance à la disposition du peuple.

Les troupeaux étaient nombreux et fournissaient en grande partie la matière industrielle.

Le commerce d'exportation n'était pas encore créé. L'ouvrier n'avait à compter pour alimenter son travail que sur les besoins de la consommation intérieure ; et comme celle-ci dépendait surtout du nombre des habitants d'une région, la demande de travail était régulière. Les paniques industrielles ou commerciales étaient rares et ne se produisaient que si un fléau ou une famine frappait le pays. La spéculation commerciale telle que nous la comprenons aujourd'hui n'existait pas, il n'y aurait eu aucune facilité pour la pratiquer ; pas de nouveaux et importants marchés pour écouler les produits. On ne voyait donc point de ces fortunes immenses écloses du jour au lendemain, et dont la renommée excite les gens à se lancer dans les spéculations commerciales.

De cet état de choses résultait une certaine balance entre la production et la consommation ; cette dernière n'augmentait que par l'accroissement de la population elle-même ; mais alors l'offre de travail étant plus abondante encore, l'équilibre se rétablissait naturellement.

Le nombre des journaliers employés par chaque manufacturier variait peu, le nombre des apprentis qui, après sept ans d'apprentissage, venaient combler les vides, était soigneusement limité par la loi et calculé proportionnellement à celui des ouvriers. Ces mesures maintenaient une stabilité relative et créaient à la longue, entre patrons et ouvriers, une sorte de relations familiales.

Le plus souvent les patrons vivaient modestement à côté de leurs ouvriers, se levant grand matin, mangeant dès six heures la soupe de gruau, en famille, et retournant aussitôt à l'ouvrage. Ils travaillaient ferme, et s'ils mettaient de côté une partie de leurs bénéfices, cela leur permettait d'étendre les affaires en ajoutant de temps à autre, à leur atelier primitif, un atelier ou un hangard, et en embauchant quelques ouvriers de plus à mesure que les circonstances ou l'état des affaires le leur permettaient.

Cette situation durait depuis longtemps, lorsque vers la fin du siècle une série d'inventions mécaniques vint bouleverser l'organisation industrielle et commerciale du pays, et apporter dans la condition de l'ouvrier des changements d'une importance considérable.

Entre 1760 et 1768 James Hargreaves, mécanicien anglais, et Thomas Highs inventèrent, l'un, la carde à bloc *(Stock Card)*, l'autre la *Jenny*, machine à filer. Le premier apporta à la pince de cette dernière un perfectionnement qui obtint un résultat merveilleux. Mais la *Jenny* ne filait que des fils de trames et ses produits étaient trop fins pour pouvoir servir de chaîne. Quand Richard Arkwright de Preston, comté de Lancastre, aidé des conseils d'un horloger, découvrit le système à cylindres dit métier continu *(Trostle)* qui remplaça la *Jenny*, Hargreaves en mourut de chagrin. En 1775, Samuel Crompton de Bolton-le-Moors, combinant ensemble le *Trostle* et la *Jenny*, produisit la *Mull-Jenny* qui fut dans la suite universellement employée.

Le progrès réalisé par cette nouvelle machine fut tel qu'un ouvrier put produire, dans le même nombre d'heures, autant de fil que 200 ouvriers travaillant le même temps avec l'ancien rouet à main.

« Pendant que se poursuivaient les modifications successives dans l'outillage des filatures, James Watt, de Greenock, Ecosse, perfectionnant les travaux de Newcomen, modifiait la machine à vapeur et fournissait à l'industrie toute entière, un moteur d'une puissance et d'une souplesse inimaginables.

Ces inventions combinées transformèrent complètement l'industrie du royaume et bouleversèrent profondément les conditions d'existence des ouvriers, en leur imposant les plus rudes souffrances.

Nous en trouvons la preuve dans le fait suivant : En 1750, avant que l'introduction du machinisme eût modifié les vieilles habitudes de production et de commerce, la somme dépensée pour les pauvres était à peu près de 17.250.000 francs ; en 1783, le chiffre dépassait 50.000.000 de francs et le montant des sommes employées en secours n'a fait que s'accroître, malgré tous les efforts tentés pour rémédier au mal. En 1880, il atteint la somme énorme de deux cents millions de francs.

Pendant ce temps, le commerce d'exportation en Angleterre suivait une progression ascendante très rapide ; de 575 millions en 1782, il passait en un siècle, (exactement en 1880), à quinze milliards huit cent cinquante millions.

Le but de ces constatations n'est pas d'amener le regret d'un passé qui a fini sans retour, ni de faire maudire des inventions, qui, tout en ayant entraîné des souffrances inévitables, ont néanmoins préparé un état de choses meilleur à bien des points de vue ; mais de bien indiquer que l'intérêt principal attaché à la vie de Robert Owen tient précisément à la lutte qu'il soutint en faveur de ceux qui avaient à souffrir de ces changements commerciaux et industriels.

L'idée de Robert Owen, le mobile constant de ses actes, fut toujours d'utiliser les bénéfices industriels à l'éducation, au bien-être des populations laborieuses, et d'adapter les institutions nouvelles au profit de tous ceux qui, par leur capital ou leur travail, coopéraient d'une manière active à la production de la richesse nationale.

Owen naquit juste au moment où s'accomplissait cette grande perturbation industrielle et où les machines refoulant peu à peu le travail manuel, ne lui accordaient plus que la seconde place. Rapidement, des manufactures de coton s'installèrent sur le bord des rivières où elles purent trouver la force motrice et attirèrent une grande partie de la population ouvrière. Les anciens vieux travailleurs qui ne purent se plier à ces nouvelles habitudes continuèrent à travailler chez eux mais, par suite de la concurrence toujours plus pressante des nouvelles machines, le travail leur manqua bientôt, et tout ce qui était jeune, vivant, actif, passa dans les usines.

Dans certaines branches de l'industrie des manufactures, l'emploi de tout jeunes gens était une nécessité ; mais comme on rencontrait chez les parents accoutumés à l'ancien mode d'apprentissage dans la famille une grande résistance à confier leurs enfants à l'usine et que, de son côté, le manufacturier ne se chargeait pas d'enseigner à l'enfant, comme le faisaient les anciens maîtres, toutes les branches du métier, on se trouva devant une grande difficulté ; cependant, les affaires pressaient et il fallait à tout prix surmonter cet obstacle.

On prit donc le parti de demander aux Refuges des malheureux (*Workhouses*) autant d'enfants pauvres que les lois en vigueur permettaient d'employer d'apprentis. Les Workhouses, qui louaient ces enfants par contrat passé avec les chefs d'usines, se prêtèrent à la chose avec empressement. Une fois installés, ces enfants étaient nourris et habillés par le patron et généralement couchés sous des hangards. Ils étaient partagés en deux équipes, travaillant alternativement le jour et la nuit ; le lit était à peine quitté par l'un qu'il était occupé par l'autre. Ainsi livrés à une exploitation sans contrôle, ces malheureux enfants, sans parents, sans familles, étaient souvent fort maltraités. Cet état de choses à peine signalé dans quelques articles de journaux de l'époque passa à peu près inaperçu, jusqu'à ce que les maladies inévitables avec un pareil régime vinssent jeter l'alarme parmi les populations voisines des usines.

C'est alors, en 1796, que fut nommé la Commission connue sous le nom de *Manchester Board of Health*, (Conseil d'hygiène de Manchester.) Le docteur Percival était le président. Nous avons déjà indiqué (Chapitre IV) la part que Robert Owen prit aux travaux de cette Commission. Il fournit au président, avec de nombreux renseignements sur les établissements que lui, Owen, connaissait, diverses considérations sur les mesures préventives à prendre contre la contagion des maladies, ainsi que sur les secours à accorder aux malheureux qui en étaient atteints.

L'enquête de la Commission porta spécialement sur les grandes manufactures de coton établies à Manchester et aux environs.

Le rapport dit :

« 1° Les enfants et les personnes occupées dans les grandes manufactures de coton sont particulièrement en danger d'être pris par la fièvre qui se propage alors rapidement, non seulement parmi les travailleurs réunis en foule dans de mêmes pièces, mais aussi parmi leurs familles et tout le voisinage.

» 2° Les grandes fabriques sont généralement préjudiciables à la santé des travailleurs, même quand aucune maladie particulière n'y prévaut, d'abord, en raison de l'entassement forcé, ensuite des effets débilitants d'un air chaud et impur, et enfin du manque d'exercice que la nature indique comme essentiel dans l'enfance et la jeunesse, pour fortifier la constitution et mettre l'homme en état de remplir ses devoirs dans la vie.

» 3° Le régime du travail intempestif de nuit et du travail trop prolongé le jour, tend non seulement à diminuer chez l'enfant la force vitale et productive ; mais encore, trop souvent, il porte à la paresse et à la prodigalité les parents qui, contrairement à l'ordre de la nature, tirent profit de l'oppression de leurs rejetons.

» 4° Les enfants employés dans les fabriques sont généralement dépourvus de tout moyen d'éducation et de toute instruction morale et religieuse.

» 5° Dans plusieurs manufactures d'excellents réglements ont été appliqués pour obvier à une grande partie de ces maux. Forts de cette expérience et certains du concours de ces manufacturiers philanthropes, nous réclamerons l'aide du Parlement (à moins que nous ne découvrions un meilleur moyen d'atteindre le but) pour soumettre à une sage et humaine réglementation toutes les manufactures. »

Le rapport, malgré la modération de sa forme et peut-être en raison même de cette modération, montra vivement les inconvénients du gigantesque système des manufactures anglaises ; il jeta la lumière sur les maux qui en résultaient et prouva aussi que ceux qui bénéficiaient de cet état de choses, sauf quelques rares exceptions, le laissaient généralement subsister, sans rien tenter pour en adoucir les maux.

VIII

Loi de 1802 concernant l'apprentissage

La publication du rapport de la Commission de Manchester donna naissance à une agitation manufacturière qui dura plusieurs années. Les esprits se divisèrent en deux camps : d'une part, ceux qui voulaient mettre fin aux mauvais effets produits et sur la santé des ouvriers par le régime des fabriques et sur l'éducation et la constitution des enfants par le travail de nuit ; d'autre part, ceux qui défendaient le principe de la liberté absolue pour les chefs d'industrie.

Ces derniers prétendaient que le capital étant la propriété des manufacturiers, ceux-ci avaient droit de l'exploiter comme bon leur semblait ; ils disaient que si les bénéfices étaient considérables les risques étaient très grands ; que les machines coûtaient fort cher et ne pouvaient rester inactives ; qu'il fallait donc les faire marcher sans interruption aucune ; et que la moindre augmentation des frais généraux, en élevant le prix du produit, mettrait l'industrie intérieure à la merci de la concurrence étrangère.

Un humoriste du temps, résumant les propos échangés à ce sujet, disait : « Les industriels de notre pays sont vraiment bien à plaindre ; leur situation est si précaire et leur organisme de production si compliqué, si délicat, qu'il présente moins de sécurité que le verre le plus fragile ; certainement toute l'industrie anglaise s'écroulerait, si le Parlement se permettait la moindre intervention légale ; » et il ajoutait : « Néanmoins, malgré tous leurs soucis et tous ces dangers, nos industriels continuent à se bien porter, à s'engraisser et à faire de belles affaires. »

Une grande difficulté vint de ce qu'on avait persuadé aux ouvriers que la moindre intervention légale qui réussirait à diminuer les heures de travail, provoquerait une diminution proportionnelle dans leurs salaires et serait une atteinte portée à leur liberté.

La situation était hérissée d'obstacles de toutes sortes ; et l'opinion publique ne se prononçant pas encore à ce sujet, on ne pouvait compter sur elle pour soutenir les réclamations adressées au Parlement.

L'action de ceux qui préconisaient des améliorations au déplorable état de choses signalé par la Commission était excessivement difficile. Pour ne pas accroître cette difficulté, on se borna à la question de l'apprentissage.

En 1802 et grâce au concours de sir Robert Peel qui, nous l'avons dit, s'appuya sur le rapport de la Commission de Manchester, rapport auquel Robert Owen avait si largement concouru, on obtint du Parlement une première loi limitant à 12 heures le temps du travail des apprentis, et prescrivant la cessation du travail de nuit à partir de juin 1804. Le temps de travail devait être compris entre six heures du matin pour le début de la journée et six heures du soir pour la fin. Chaque enfant devait recevoir des leçons de lecture, d'écriture, de calcul, et un vêtement complet par an. La loi imposait, en outre, au manufacturier, l'obligation de blanchir deux fois par an les locaux occupés par les enfants ; elle imposait également la séparation absolue des sexes dans les dortoirs.

Les dispositions prises pour sanctionner ces mesures et assurer l'inspection régulière des usines témoignent de la prudence et de l'hésitation des législateurs. Chaque année, à la session d'été, dans les districts où se trouvaient des manufactures, les justices de paix nommaient deux inspecteurs : l'un pris dans le tribunal de paix, l'autre parmi les membres du clergé de l'église établie. Le greffier du juge de paix devait les accompagner dans leurs visites. Les peines contre les infractions constatées étaient l'amende de 125 francs au plus et de 50 francs au moins. Naturellement, l'inspection était inefficace et l'amende trop minime pour avoir une portée immédiate ; mais la loi avait son importance en ce qu'elle constatait officiellement qu'un état de choses engendrant des maux insupportables, était devenu un délit tombant sous le coup de la répression.

L'abominable système du recrutement des apprentis de 7 ans dans les Workhouses était atteint en principe. Un dernier coup lui fut porté lorsque Watt ayant trouvé le moyen d'appliquer la machine à vapeur au fonctionnement du mécanisme des ateliers, permit aux industriels de transporter leurs usines, du bord des rivières dans les villes.

Les manufacturiers trouvèrent facilement à louer des enfants dans ces populations agglomérées et, pour avoir le nombre nécessaire d'apprentis, on ne fut plus obligé d'avoir recours au vicieux procédé d'habitat dans la manufacture.

Les parents, gardiens naturels de leurs enfants, convinrent avec le patron de ce que l'apprenti devait faire ou ne pas faire.

Dans l'examen rapide de l'état de l'industrie anglaise, à cette époque, nous avons omis à dessein une multitude de détails pénibles ; les exemples vicieux, le défaut de développement moral, la grossièreté dans les idées et dans les actes étaient choses excessivement communes ; le relâchement des liens de famille et des affections du foyer, la paresse, l'ivrognerie, contribuaient à démoraliser la population. Les maladies résultant de l'encombrement et de l'excès de travail, la misère, la mortalité des enfants étaient des maux qui faisaient réfléchir les penseurs et les philanthropes.

Ne rien faire contre cet état de choses, c'était laisser chaque jour le mal s'accroître et la dégradation générale aller en empirant.

Dès que Robert Owen fut convaincu de cette vérité, il comprit aussitôt son devoir, il résolut de s'y dévouer jusqu'au bout et d'y employer toutes ses forces. Il n'était pas homme à tempérament agressif, tout au contraire ; sa patience et son esprit de tolérance étaient exemplaires ; mais il vit très nettement que les grands défauts de l'époque où il débuta dans les affaires étaient le manque d'instruction et d'éducation du peuple, le peu de soin apporté aux intérêts des classes laborieuses et l'absence d'expérience dans l'application des forces nouvelles au profit de la communauté en général. Il résolut donc de faire des expériences personnelles à ce sujet et d'essayer, dans les limites de ses forces, tout ce qui lui paraîtrait un progrès. Ce fut dans ces intentions et avec une conviction profonde des nécessités d'une telle œuvre qu'il entreprit la direction des usines de Lanark, en 1799.

IX

Débuts d'Owen à Lanark. — Le nouveau Lanark. — Ouverture de Magasins coopératifs.

La tâche qu'avait entreprise Robert Owen était rude, et il ne pouvait compter que sur lui-même. « Lorsque, dit-il, je fis part à mes amis et à mes proches de mon intention d'inaugurer un nouveau système d'administration, basé sur les principes de justice et de bienveillance, et d'abolir graduellement les duretés du régime en vigueur, ils furent tous unanimes à sourire de ma simplicité à espérer le succès d'une pareille chimère, et tous m'engagèrent énergiquement à ne pas entreprendre une tâche aussi ingrate. Mais j'étais bien décidé à le faire et je m'attendais à rencontrer autant de difficultés que possible. »

La peine qu'a prise Owen de bien préciser les résistances dont il était entouré au début de son entreprise, montre qu'il considérait ce moment comme le plus critique de sa vie. Il avait conscience de s'être chargé d'une grande expérience commerciale et sociale, tentée principalement d'après ses avis, confiée à sa direction et par conséquent dépendant exclusivement de lui.

La première difficulté provenait du mauvais choix du personnel ouvrier; d'autres qu'Owen auraient renvoyé les mauvais éléments et les auraient remplacés. Owen n'en fit rien : il avait au sujet du gouvernement des hommes des idées particulières et des plans qu'il désirait mettre à exécution. Il croyait qu'en modifiant judicieusement les conditions du travail et en les améliorant, il obtiendrait graduellement un changement favorable dans les dispositions et le caractère des ouvriers et une amélioration, au profit de tous, plus durable que par la méthode ordinaire de compression et d'expulsion.

Il eut à surmonter bien des obstacles. Au début, le personnel avait des habitudes et une manière de faire qu'Owen ne pouvait approuver. Le caractère des hommes employés à l'usine était loin d'être satisfaisant : l'ivrognerie était répandue, le travail négligé et les détournements étaient pratiqués sur une si vaste échelle, que M. Dale avait eu sérieusement à en souffrir.

Les grands établissements manufacturiers utilisant la force hydraulique étaient nécessairement situés dans des lieux écartés des grands centres, là où se trouvaient les chutes des rivières. Cet isolement les obligeait dans une certaine mesure à accueillir comme travailleurs des vagabonds, des nomades qui, ne se fixant pas d'une manière permanente, étaient rencontrés partout, sans être utiles nulle part. Leur ivrognerie, leur grossièreté, leur malpropreté et d'autres habitudes vicieuses répugnaient à la population sédentaire et laborieuse des environs et l'empêchait de quitter ses demeures pour se fixer dans les villages manufacturiers où, en cas d'insuccès de l'usine, elle n'avait nulle perspective de stabilité.

D'un autre côté, la population ouvrière était si peu accoutumée à se voir considérée et traitée avec un peu de convenance, qu'elle gardait vis-à-vis des patrons une attitude soupçonneuse et pleine de défiance.

Owen, en sa qualité d'étranger, fut quelque temps à trouver le meilleur moyen de se faire comprendre d'une population qui parlait un idiome mélangé d'Ecossais des plaines et d'Erse (langage d'une partie montagneuse de l'Ecosse). Les travailleurs pensaient que les nouveaux chefs allaient essayer de s'engraisser à leurs dépens, puis les passer à d'autres qui continueraient à agir de la même manière, en les laissant eux-mêmes toujours aussi pauvres, aussi misérables et aussi ignorants qu'ils les avaient pris.

Le jeune directeur n'avait, au début, aucun moyen de faire entrevoir ses plans et de convaincre ses ouvriers que ce qu'il voulait faire avait pour but unique d'améliorer leur condition.

En entrant à Lanark, Owen trouva environ 1,300 hommes établis en famille dans le village et quatre ou cinq cents enfants pauvres fournis par les paroisses environnantes. Ces enfants paraissaient à peine âgés de cinq à dix ans; on prétendait qu'ils en avaient de sept à douze. Ils étaient logés, nourris et habillés par les soins de M. Dale; on avait même essayé, après leur journée de travail, de leur apprendre un peu à lire et à écrire. Mais, ainsi que le remarque Owen, quel résultat obtenir avec des enfants accablés de fatigue; les efforts qu'on faisait pour les instruire ne servaient qu'à les tourmenter. Owen décida qu'on ne recevrait plus d'enfants pauvres.

En même temps, il fit construire des maisons aménagées le mieux possible pour recevoir les nouvelles familles destinées à combler les vides résultant de sa décision. Il fit aussi améliorer les rues du village qu'on appela dès lors New Lanark, c'est-à-dire nouveau Lanark.

Sa première démarche pour gagner la confiance des villageois fut de rechercher ceux d'entr'eux qui lui paraissaient mériter la confiance générale. Il les fit appeler et leur parla très catégoriquement de façon à être bien compris.

Il leur exposa ses plans et leur dit qu'il ne fallait juger les choses ni précipitamment ni par chaque acte particulier, mais bien par l'ensemble qui pouvait seul donner une idée du but qu'il poursuivait et du système qu'il voulait appliquer. Il leur recommanda de redire à leurs amis, dans leurs conversations journalières, que son intention était d'améliorer graduellement la condition de ses ouvriers, mais que, pour atteindre ce résultat, il avait besoin que tous comprissent que leur intérêt était de coopérer avec lui pour l'aider à réaliser les projets qu'il avait formés en faveur de toute la population.

Il prit à tâche de faire comprendre la valeur des habitudes de propreté, non-seulement de la propreté personnelle, mais générale.

Ayant remarqué que les marchands et détaillants du village vendaient à crédit et à un haut prix des marchandises de mauvaise qualité, il installa « des magasins et des boutiques où l'on pouvait s'approvisonner de tous les articles de consommation journalière. » Il achetait tout au comptant et sur les meilleurs marchés, s'assurant ainsi les avantages de l'achat en gros et du paiement comptant des marchandises. Tout cela détaillé, était vendu au prix de revient. Une dépense d'environ 25 pour °/o de leurs salaires était ainsi épargnée aux ouvriers.

En inaugurant de cette façon la vente coopérative, encore presque inconnue en Angleterre, Owen donnait la mesure de son esprit d'initiative. En repoussant l'ancien système de crédit au pauvre qui donne toute facilité au marchand peu scrupuleux d'exploiter ceux qui attendent de son bon vouloir leur nourriture quotidienne, le jeune novateur montrait le souci qu'il prenait de la défense des intérêts de la population ouvrière.

Grâce à ces diverses mesures, une amélioration sensible dans la santé et le confort des villageois ne tarda pas à se manifester et à devenir, pour eux-mêmes, évidente. Les soupçons et la défiance de la population disparurent graduellement, et le nom de New Lanark (nouveau Lanark), donné au village, fut d'autant mieux approprié, qu'il caractérisait un état de choses aussi nouveau moralement que matériellement.

X

Don en faveur d'écoles publiques

Quelque laborieuse et absorbante que fût la tâche qu'il s'était assignée, Robert Owen ne s'y enfermait pas, cette tâche n'étant à ses yeux qu'un point minime de l'évolution générale qu'il entrevoyait pour l'humanité.

A ce titre, l'instruction des enfants, en général, le préoccupait vivement.

Il se lia avec Bell et Lancastre, deux pédagogues de grande réputation dont les nouveaux systèmes éducatifs préoccupaient les esprits avancés. Il donna à Lancastre 25,000 francs pour l'aider à faire connaître ses nouveaux procédés.

Il eut été heureux d'en offrir autant à Bell; mais le système de celui-ci (culture de l'intelligence par l'instruction), venait d'être accepté par l'Eglise établie, et celle-ci prétendait exclure tous les enfants des sectes dissidentes. Pour réagir contre cet exclusivisme, Owen déclara qu'il donnerait à Bell — comme il avait donné à Lancastre — 25,000 francs si le comité voulait ouvrir les portes des écoles à tous les enfants sans distinction de confessions religieuses, mais qu'il donnerait seulement la moitié de la somme si l'on maintenait l'exclusion des dissidents. La proposition fut débattue pendant deux jours : il fut décidé à une faible majorité qu'on maintiendrait l'exclusion. Douze mois plus tard on revint à de meilleurs sentiments, et Owen eut le plaisir d'apprendre qu'on avait adopté la mesure dont il s'était fait le défenseur.

XI

Owen dans l'intimité

Dans ses écrits, Robert Owen passe rapidement sur ce qui concerne son entourage intime. Pourtant il nous apprend que dès le commencement de son mariage il passait l'été, avec sa femme, dans la maison et le jardin au centre du village de Lanark, et l'hiver dans l'habitation de M. Dale, à Glascow.

M. Dale était très souvent avec eux et Owen affirme que jamais ils n'échangèrent une parole désagréable. Cela leur fait d'autant plus d'honneur à tous deux que M. Dale était le chef d'une secte religieuse dissidente comprenant quarante Eglises et dont Owen jugeait la doctrine fondamentale erronée.

Ils discutaient toujours avec convenance et évitaient les paroles irritantes qui se produisent souvent. Parfois, à la fin d'une discussion amicale, le vieillard lui disait : « Tu as besoin d'avoir raison, car tu es très positif. » Et cela était vrai; jamais homme plus qu'Owen ne s'attacha à la vérité quand il s'en croyait en possession.

D'après ce que raconte Owen, M. Dale était un homme excellent. « Les sentiments, dit Owen, que m'inspiraient sa simplicité naturelle, sa libéralité pour ainsi dire sans limites, sa bienveillance et sa chaleureuse bonté de cœur, étaient tels, que mon affection pour lui ne fit que croître journellement tant qu'il vécut. »

David Dale mourut dans les bras de son gendre en lui confiant ses filles. Sa mort fut une perte publique, car il était respecté et aimé de tous ceux qui le connaissaient.

XII

Direction et contrôle du travail dans les usines de New Lanark

Esprit essentiellement hardi et pratique, Robert Owen s'occupait toujours de l'amélioration de ses usines. Il transforma graduellement l'ancien outillage en remplaçant les anciennes machines par des modèles nouveaux, bien plus perfectionnés et fournissant un meilleur travail. Dans ses rêves grandioses d'avenir, il ne perdit jamais de vue les détails quotidiens qui marquaient la mesure des progrès accomplis.

Dès le début, il avait reconnu que sous l'administration défectueuse des fondés de pouvoir de M. Dale, les petits vols étaient devenus extrêmement communs. Pour les prévenir, il imagina une série de contrôles à l'aide desquels si un délit de cette nature était commis, le contre-coup se faisait aussitôt sentir dans un autre service.

Afin de compléter le système et d'en corriger les défauts, il se faisait présenter tous les matins un rapport sur toutes les opérations et, très fréquemment, les balances de chaque service, de façon à bien faire pénétrer dans l'esprit de son personnel, qu'il avait l'œil à tout et que rien de répréhensible ne pouvait lui échapper.

Pour contrôler la conduite des travailleurs, voici ce qu'il avait imaginé : Un cube en bois peint de couleurs différentes sur ses faces était suspendu par un petit fil de fer au-dessus de chaque travailleur. Ce cube indiquait, selon la couleur qui faisait face à l'ouvrier, la conduite de celui-ci dans la journée de la veille. Le noir, signifiait mauvaise conduite; le bleu, conduite moyenne; le jaune, bonne; le blanc, excellente. Les couleurs représentées par les chiffres 1, 2, 3, 4, étaient chaque jour inscrites sur un carnet au débit ou au crédit de l'individu. L'addition en était faite et la moyenne établie tous les deux mois. Ce système permettait à Owen de juger d'un coup d'œil comment l'ouvrier s'était conduit pendant l'année entière. La chose se pratiquait ouvertement, le personnel savait aussi que le patron examinerait l'ensemble du livret et apprécierait chacun selon ses notes personnelles. Dans le cas où un ouvrier aurait pensé qu'une injustice avait été commise à son égard, la voie d'appel lui était ouverte.

Owen affirme que cette méthode fut très efficace. Au début du système, il y eut beaucoup de marques noires; mais, peu à peu, la conduite des hommes devint meilleure et les marques jaunes ou blanches se substituèrent régulièrement aux noires. Owen put constater que les abus si nombreux qui se produisaient lorsqu'il avait pris la direction des usines avaient graduellement disparu.

XIII

Premier discours public d'Owen. — Appel aux manufacturiers et à tous ceux qui emploient une population nombreuse et concentrée.

Robert Owen, nous le répétons, ne se contentait pas d'expérimenter à New Lanark ses plans de réformes, il poursuivait l'amélioration de la classe ouvrière toute entière.

Le premier discours public dont on ait conservé les traces, est celui qu'il prononça en 1803 devant le Comité de direction de l'industrie cotonnière, à Glascow. Il avait alors 32 ans.

Il établit dans ce discours qu'à cette époque l'industrie cotonnière avait occupé environ 800,000 individus et distribué 325,000,000 de francs de salaires. Il fait ressortir que l'industrie du coton était devenue la source vive de la richesse du pays et qu'elle exerçait la plus grande influence sur les finances de la nation. Il signale avec une précision dont les évènements confirmèrent l'exactitude, les inconvénients économiques des impôts mis sur les cotons et les avantages du libre-échange.

Ce discours frappa tellement le Comité, qu'il en ordonna l'impression et le fit répandre partout.

Owen prévoyait également les dangers d'une transformation industrielle trop rapide et il recommandait les mesures qui, dans son esprit, devaient améliorer le sort des ouvriers et atténuer les maux que le développement du machinisme et du salariat ne pouvait manquer d'entrainer.

Voici un document de sa composition qu'il adressa :

« *Aux directeurs des manufactures et à tous ceux qui emploient une population nombreuse et concentrée,*

» Beaucoup parmi vous, dit Robert Owen, ont depuis longtemps expérimenté l'avantage de machines solides, bien conçues et bien exécutées. Vous avez pu également constater combien les produits d'un mécanisme habilement agencé et parfaitement entretenu ont de supériorité sur ceux d'un mécanisme en désordre, abandonné à la malpropreté, à d'inutiles dépenses de forces et, par conséquent, au plus mauvais fonctionnement.

» Dans le premier cas, les opérations industrielles s'accomplissent avec ordre et facilité, et le succès couronne l'entreprise. Dans le second, c'est tout le contraire; les conflits, la confusion, la mésintelligence, règnent parmi les agents intéressés aux opérations, et de grandes pertes sont le résultat final.

» Si, donc, les soins donnés à vos machines inanimées peuvent produire des conséquences aussi avantageuses, combien plus devriez-vous attendre de soins analogues portés à vos instruments vivants dont la construction est bien plus merveilleuse encore ?

» Quand vous aurez acquis une réelle connaissance de l'homme, de son précieux organisme, de ses facultés d'assimilation, de la direction véritablement propre à ses mouvements variés, vous deviendrez conscients de la valeur réelle des travailleurs et vous serez induits à tourner dès lors vos pensées plus assidûment sur les machines vivantes que sur les machines inanimées.

» Vous découvrirez que l'homme peut être aisément instruit et dirigé de façon à produire une grande augmentation de richesse, tout en vous fournissant l'occasion des satisfactions les plus hautes et les plus durables.

» Vous dépensez des sommes considérables pour vous procurer les machines les plus parfaites, les tenir dans le meilleur état, leur éviter les déperditions de force et l'usure prématurée. Vous consacrez des années à approfondir les rapports entre les diverses parties de vos machines sans vie, à améliorer leur pouvoir effectif, à calculer avec une précision mathématique leurs multiples et minutieux mouvements. Or, quand vous estimez ainsi par minutes le temps dépensé et, par fractions, le capital employé pour augmenter vos chances de gain, ne voudrez-vous pas consacrer un instant à voir si une portion de votre temps et de votre capital, ne serait pas plus judicieusement employée à améliorer le sort de vos machines vivantes.

» Au nom de l'expérience, je puis vous assurer que le temps et l'argent que vous emploieriez ainsi, s'ils étaient utilisés avec la vraie connaissance de la question, vous rapporteraient non pas 5 % ou 10 % ou 20 % de votre capital, mais la plupart du temps 50 % et souvent 100 %. »

Les propositions d'Owen à l'époque où elles furent faites étaient admirablement appropriées à l'état de choses existant. Aucune nation ne faisait alors concurrence à l'Angleterre pour la manufacture et le commerce du coton. L'exportation de ce produit était minime; le principal débouché se trouvait sur le sol même du pays. La concurrence n'existait donc qu'entre manufacturiers nationaux.

Si les chefs d'industrie avaient compris leurs devoirs tels qu'Owen les leur exposait, ils auraient augmenté le bien-être des travailleurs et développé ainsi la puissance d'achat du monde ouvrier, sans qu'une augmentation sensible des frais de la production fut certaine.

L'expérience personnelle d'Owen lui donnait l'intuition que le perfectionnement du peuple, le bien-être des hommes, des femmes et des enfants, en augmentant les qualités individuelles, en propageant les bonnes habitudes, en donnant à chacun un idéal plus élevé de la vie, aurait plus que couvert les frais occasionnés par les améliorations qu'il recommandait à ses confrères avec tant d'insistance.

De ces améliorations seraient résultés encore d'autres avantages sur lesquels il est inutile de s'appesantir; mais il n'est pas besoin d'un grand effort d'esprit pour comprendre ce que des institutions mettant en jeu dans les grandes industries du pays la bonne volonté, l'amitié réciproque et la coopération générale entre employeurs et employés pouvaient produire de bons et sérieux résultats en faveur de toutes les classes, et créer un état général bien supérieur à ce que nous pouvons voir autour de nous aujourd'hui.

XIV

La crise du coton, 1806

Robert Owen était depuis sept ans à la tête des usines de New Lanark, lorsque, en 1806, les Etats-Unis, à la suite de difficultés diplomatiques avec l'Angleterre, mirent embargo sur tous les cotons destinés à l'exportation en Grande-Bretagne.

Cet incident permit à Owen de donner à ses ouvriers une nouvelle preuve des sentiments qui l'animaient et d'achever la conquête de leur bonne volonté.

La conséquence de la mesure prise par l'Amérique fut que le prix des cotons bruts augmenta dans des proportions inouies et paralysa tous les efforts des manufacturiers pour faire marcher leurs usines. En des cas semblables, le chef d'industrie doit calculer très sérieusement s'il est préférable de continuer à fabriquer pour le marché futur au risque de subir une forte perte, ou d'arrêter sa fabrication.

La continuation des travaux exige des avances considérables pour l'achat des matières premières et le paiement des salaires ; mais l'arrêt des usines amène la désorganisation des ateliers, par la dispersion du personnel obligé d'aller chercher du travail ailleurs et de subir ainsi un accroissement de misères.

La pensée des privations qu'endurerait son personnel pesait lourdement sur le cœur de Robert Owen, et quoi qu'il eût jugé préférable dans l'intérêt de ses associés d'arrêter le travail, il décida que les salaires seraient intégralement payés aux ouvriers, ne leur demandant en retour que de soigner leurs machines, de les huiler et de les tenir bien propres.

Durant cette période de chômage qui dura quatre mois, il paya 175.000 francs, sans retenir un sou sur les salaires ordinaires. Ce procédé lui gagna la confiance et le cœur de toute la population. A partir de ce moment, il n'éprouva aucune difficulté de la part des ouvriers de New-Lanark pour tout ce qu'il voulut entreprendre.

XV

Vues d'Owen touchant l'éducation de l'Enfance et la formation du caractère. — Rupture avec ses premiers associés de New-Lanark, 1809.

Les associés d'Owen, MM. Borrowdale, Atkinson et Cie, de Londres et MM. Barton, de Manchester, étaient des hommes de négoce, préoccupés surtout de l'intérêt de leurs capitaux et des profits qu'ils pouvaient retirer de New-Lanark. Owen ne devait jamais perdre ce point de vue dans les changements qu'il proposait. Or, les choses à transformer se présentaient en foule puisque tout était à créer pour le bien des travailleurs.

Un des premiers faits qui attira l'attention du jeune directeur fut la mauvaise installation des anciennes maisons ouvrières : L'espace y était trop limité pour que la mère pût vaquer aux travaux du ménage sans être gênée par la présence des enfants, et sans être portée à les bousculer et à leur parler sur un ton préjudiciable à la formation de leur caractère.

Owen avait déjà beaucoup réfléchi sur les conditions propres au bon développement moral de la jeunesse.

Les idées qu'il développa plus tard dans son livre *Nouveau monde moral* (1836) étaient, dès cette époque, en germe dans son esprit.

« L'homme, » pensait-il, « est un être composé dont le caractère dépend de deux causes déterminantes qui agissent et réagissent continuellement l'une sur l'autre : 1° La constitution originaire ; 2° Les circonstances au milieu desquelles l'individu s'exerce depuis la naissance jusqu'à la mort.

» Par le fait de sa constitution originaire, l'homme est disposé à éprouver tels ou tels sentiments, à tendre vers telles ou telles convictions.

» Ces convictions et ces sentiments, pris ensemble ou séparément, déterminent chez l'homme le mobile d'action appelé volonté.

» La constitution originaire diffère chez tous les êtres humains et l'art est impuissant à effacer ces différences, et à faire que deux êtres soient exactement semblables de l'enfance à l'âge mûr.

» Néanmoins, chez tous les enfants, excepté dans le cas d'une maladie organique, la constitution originaire peut être tellement influencée, cultivée et développée, qu'on fera de l'enfant un être très inférieur ou très supérieur, selon les circonstances qui auront agi sur lui dès sa naissance. »

» Quatre-vingt dix-neuf fois sur cent » disait-il encore, « les parents ignorent complètement ce qui serait à faire pour bien élever leurs enfants. » C'était le cas des pauvres travailleurs de New-Lanark. Combien ils étaient loin d'avoir, aux yeux d'Owen, la moindre des connaissances voulues pour procéder à l'œuvre si difficile de la bonne éducation de l'enfant.

En même temps qu'il se rendait compte des nombreux inconvénients de cette ignorance générale, pour l'avenir de la jeune génération, Robert Owen embrassa les obstacles divers que rencontrerait toute tentative de sa part pour y rémédier.

Construire et aménager des bâtiments tels qu'il les jugeait nécessaires à l'éducation convenable de la jeunesse, entraînait en premier lieu une dépense d'environ 125.000 francs ; il fallait ensuite une somme annuelle considérable pour entretenir le matériel scolaire et rémunérer les éducateurs. Ces dépenses, Owen en avait la conviction, seraient compensées par les améliorations obtenues dans le caractère des enfants et dans celui des parents.

Mais il y avait d'autres obstacles : d'abord les préjugés des parents, les mères consentiraient difficilement à se séparer de leurs enfants à un âge aussi tendre qu'il paraissait nécessaire à Owen de les prendre pour atteindre le but désiré. Il y avait ensuite l'opposition à toutes ses idées qu'Owen rencontrait de la part du ministre de la paroisse. Ce gentleman considérait l'associé directeur de New-Lanark comme un innovateur dangereux, et il le suspectait de vouloir empiéter sur ce qu'il regardait comme son domaine propre : la direction spirituelle et morale du peuple.

Plein de ses idées sur l'éducation de l'enfance et la formation du caractère, Robert Owen ne pouvait permettre à un ministre quelconque de la religion de s'ingérer dans la mise en pratique de ses plans ; et il n'était pas davantage possible à cette époque d'espérer qu'un ministre quel qu'il fut, soucieux de ce qu'il croyait être le bien de son troupeau, secondât des expériences d'où sa participation active était exclue. Les progrès du droit à l'enseignement laïque ont pris de nos jours une extension considérable ; mais ce droit n'était pas reconnu au commencement du siècle.

Néanmoins, la première grande difficulté rencontrée par Owen vint de ses co-associés. Il avait établi ses plans et fait ses estimations avec toute la précision désirable. Les mesures déjà adoptées avaient amélioré la population. Il le faisait ressortir et indiquait les nouveaux changements qu'il se proposait de réaliser et les avantages qu'il en attendait. Mais ses propositions dépassaient tellement les vues de ses associés que ceux-ci en furent sérieusement alarmés.

Les principaux membres vinrent de Londres et de Manchester visiter l'usine de New-Lanark et y séjournèrent quelques jours de façon à en faire une inspection complète. Malgré leurs préventions, ce qu'ils virent les satisfirent pleinement et ils promirent, en se retirant, d'exposer les idées d'Owen aux autres associés.

Lorsque tous les associés de Londres et de Manchester furent réunis et eurent écouté le rapport de cette inspection, ils se laissèrent gagner par la bonne impression des délégués à New-Lanark et décidèrent d'offrir à Owen un plateau en argent en témoignage de satisfaction. C'était là un cadeau de bon augure. Malheureusement la bonne impression dura peu, combattue qu'elle était par le souci des grosses dépenses qu'Owen se proposait de faire à New-Lanark, et l'incertitude des avantages qu'il en espérait. Bientôt quelques-uns des associés à l'esprit particulièrement timoré firent décider qu'une seconde visite aurait lieu à New-Lanark.

Owen exposa point par point aux nouveaux délégués les mesures qu'il comptait prendre et indiqua les effets qu'il espérait en retour ; puis tous les intéressés furent à nouveau saisis de la question. Les associés hésitèrent, tergiversèrent et firent des objections. Owen leur déclara nettement que, jusqu'à ce jour, toutes ses mesures avaient réussi et qu'il ne pouvait continuer à diriger l'établissement qu'en réalisant les plans qu'il croyait les meilleurs ; il ajouta que si les intéressés refusaient de le suivre dans sa marche en avant, il était prêt à se charger de l'établissement et à en offrir un prix.

Sur la demande de l'un des associés d'indiquer le chiffre, Owen le fixa à 2.100.000 francs ; ce chiffre dépassait de 600.000 francs le montant de la première acquisition ; il est vrai qu'une partie de la plus-value était due à l'amélioration de l'outillage. Les associés trouvant le prix avantageux l'acceptèrent et se retirèrent. Cette première société de New-Lanark avait duré dix ans.

Les faits que nous relatons se passaient vers 1809-

1810. On peut dire que c'est à cette époque que commence vraiement la lutte soutenue par Robert Owen, en faveur des principes qui lui étaient chers.

XVI

Constitution d'une deuxième société. Nouvelles difficultés, nouvelle rupture, 1813-1814. Constitution d'une troisième société.

Dès que la première société fut dissoute, Owen s'occupa activement de l'organisation d'une seconde société. Tout le monde savait fort bien, à cette époque, que sous sa direction l'établissement de New-Lanark était certain de réussir. La haute probité et l'habileté pratique d'Owen ne faisaient pas l'ombre d'un doute. La seule question était de savoir si son zèle pour le bien-être des ouvriers et l'éducation de l'enfance, ne l'entraînerait pas à des dépenses telles que les bénéfices de l'industrie en seraient compromis. Malgré cela, il n'eut pas de peine à trouver des associés et à se procurer les capitaux qu'il jugeait nécessaires pour accomplir son programme.

Deux personnes, MM. Dennistown et Campbell, s'associèrent avec le jeune novateur. En outre, John Atkinson, un de ses anciens associés, demanda aussi à faire partie de la nouvelle association; une autre personne se proposa également et la nouvelle société commença ses opérations.

Owen se mit immédiatement à l'œuvre pour la construction de ses nouvelles écoles, et les choses marchaient à sa satisfaction, quand ses associés, imitant leurs prédécesseurs, firent à leur tour des objections, déclarant qu'ils étaient commerçants et filateurs, qu'ils faisaient des affaires pour en retirer un bénéfice et que, pas plus que les autres filateurs du royaume, ils n'avaient à dépenser leur argent pour l'instruction des enfants de leurs ouvriers.

En réalité, Owen se trouvait dans une situation pire que la précédente; car ses associés s'opposaient non-seulement à la construction des bâtiments scolaires, mais encore au paiement des salaires des ouvriers et surveillants des nouvelles constructions.

Malgré ces résistances et avec sa décision habituelle, Owen poursuivit la réalisation de ses plans. Les récriminations et les difficultés durèrent quatre années; enfin, les associés signifièrent à Owen ne pas continuer l'œuvre des écoles et, finalement, réclamèrent la dissolution de la société, espérant ainsi évincer Robert Owen et garder en mains le riche établissement de New-Lanark.

Owen offrit de fixer une somme qu'il aurait à fournir ou à recevoir pour la valeur de l'établissement, mais les associés refusèrent et décidèrent que New-Lanark serait mis en adjudication et cédé au plus offrant et dernier enchérisseur.

Owen, très contrarié, fut obligé de subir ces conditions.

Dans une intention facile à comprendre et pour obtenir les usines au prix le plus bas possible, les associés se mirent à déprécier l'établissement, disant qu'un million de francs était tout ce qu'il pouvait valoir.

Owen se rendit alors à Londres. Son nom avantageusement connu lui permit de former une troisième société, de laquelle firent partie Jérémie Bentham, le philosophe utilitaire; William Allen, le Quaker; et quelques autres personnes.

Cette fois, Owen fit de sa liberté de réaliser ses plans d'amélioration du sort des ouvriers, une des conditions de cette troisième association.

Quand ses nouveaux associés lui demandèrent à quel prix il estimait l'établissement, Robert Owen répondit :

« Trois millions de francs ». Il fut autorisé à pousser les enchères jusqu'à ce chiffre, et retourna à Glascow accompagné par deux de ses nouveaux associés.

Le jour de la vente, les anciens associés demandèrent que le prix de New-Lanark fut fixé à un million, mais Owen ayant offert un million cinq cent mille francs, il fallut partir de ce chiffre. Owen se servait d'un intermédiaire, à qui il avait donné ordre de surenchérir par sommes de 2.500 francs.

A la fin, la propriété, que ses concurrents disaient ne valoir que un million, monta à deux millions huit cent cinquante mille francs et lui fut adjugée.

L'adjudication terminée, Owen et deux de ses nouveaux associés présents à l'opération montèrent en voiture et se rendirent immédiatement à New-Lanark. Les habitants, perplexes des résultats de la vente, avaient posté des éclaireurs qui les prévinrent de l'arrivée des nouveaux possesseurs. Aussitôt ils sortirent en foule des deux villages, se portèrent au devant de Robert Owen avec des cris joyeux, dételèrent les chevaux et traînèrent eux-mêmes la voiture, en accueillant partout les nouveaux venus avec de grandes démonstrations de joie et de gratitude.

« Mes nouveaux associés », dit Owen en décrivant la scène, « paraissaient se féliciter d'avoir été mis en relation avec le peuple de cet établissement. Ce fut une journée et un accueil que je n'oublierai jamais. Tout cela m'émut profondément et fortifia si possible ma détermination de faire, pour ces ouvriers et leurs enfants, tout le bien qui serait en mon pouvoir ».

C'est avec un plaisir bien compréhensible que Robert Owen, dans ses mémoires, s'appesantit plus que de coutume sur cette partie de son histoire. Pendant quatorze années il avait dirigé cet établissement de façon à se concilier l'affection des travailleurs ; il avait déployé un telle largesse à leur égard, que, deux fois, ses associés effrayés s'étaient séparés de lui. Sa deuxième association avait duré quatre ans, pendant lesquels il avait eu à lutter contre une opposition d'autant plus vexatoire, que tous ses associés étaient contre lui. Rien ne l'avait soutenu, si ce n'est l'absorbant désir d'améliorer à tout prix la condition du peuple placé sous sa direction et la foi positive qu'en agissant ainsi il ne faisait aucun tort à ses co-intéressés.

Ce dernier point avait la plus grande importance à ses yeux, parce qu'il comprenait que des vues comme les siennes n'avaient chance de se généraliser, que si elles pouvaient se concilier avec la prospérité même des établissements qui pourraient essayer d'en faire bénéficier leurs travailleurs.

Aussi, fut-il très heureux de pouvoir exposer aux membres de sa troisième société, — afin de se prémunir si possible contre des résistances nouvelles, - que la balance des comptes de la société précédente montrait qu'après avoir payé au capital engagé dans New-Lanark un intérêt de 5 %, on avait, en quatre années, réalisé un bénéfice net de quatre millions de francs.

Les nouveaux associés furent frappés de l'éloquence de ces chiffres et Robert Owen, envisageant l'avenir avec plus de confiance, se crut, cette fois, en pleine liberté d'agir selon les larges plans qu'il avait conçus pour la rénovation du sort des travailleurs.

XVII

Principes et méthodes d'éducation suivis à New-Lanark. Notables visiteurs.

Robert Owen savait, d'après une intime et longue expérience, combien la condition des ouvriers, dans les manufactures de coton, était misérable et dégradée.

Nous avons déjà exposé ces faits dans nos chapitres VII et VIII. Les pauvres gens et les enfants, dès l'âge de 7 ans, étaient attachés au travail jusqu'à la limite extrême de ce que la nature humaine peut endurer. Toute possibilité d'amélioration personnelle était anéantie pour eux. Plus cet état de choses se maintiendrait, plus il deviendrait difficile, avec l'extension du système des manufactures, de relever les masses travailleuses de la dégradation morale et physique dans laquelle elles plongeaient si rapidement.

Owen n'accusait personne d'égoïsme ou de méchanceté à raison de ces faits ; mais il s'efforçait de démontrer que les procédés usités dans les manufactures, — bien qu'ils donnassent des bénéfices considérables aux chefs d'industrie, — portaient à la nation un préjudice très grave en laissant l'être humain sans culture et abandonné aux plus pernicieuses influences.

Son souci de l'instruction de l'enfance, en général, n'était pas seulement dicté par un sentiment d'humanité ; il avait très soigneusement étudié le sujet à New-Lanark, dès le début de sa direction, et il était arrivé à cette conclusion, que l'éducation, autant pour le développement intégral de l'être humain que pour le progrès et la sécurité de la société, est le plus élevé et le plus important des devoirs que les hommes ont à accomplir.

Aussi, gémissait-il sur la déperdition des forces et du bonheur humain qui résultait de la négligence apportée à l'éducation générale. A cette époque, on avait l'habitude d'établir à proximité des usines de petites écoles, — plutôt des salles de garde, — et d'en confier le soin à quelque vieillard, homme ou femme, fort ignorant dans la plupart des cas. A de certaines heures, les pauvres petits travailleurs, occupés dès l'âge de 7 ans dans les usines, étaient reçus dans ces salles de garde. Le maître ou la maîtresse se débattaient comme ils pouvaient contre l'indiscipline des enfants et leur manque de goût pour l'étude aggravé, la plupart du temps, par la fatigue du travail.

Cet embryon d'enseignement pouvait avoir une utilité momentanée, mais à mesure que l'enfant grandissait, l'usine le reprenait tout entier et il oubliait, sous le coup du terrible régime des manufactures, le peu que le maître ou la maîtresse avait pu lui apprendre.

Aussi, Robert Owen était-il tourmenté du désir de voir l'éducation prendre un caractère national qui en eût permis la rapide extension. Ce n'est que bien des années plus tard que son vœu devait être en partie réalisé. Mais il est intéressant de noter ici qu'il fut un des premiers à réclamer l'instruction publique. Il n'était pas encore possible, à cette époque, d'obtenir le concours de l'État dans l'œuvre si urgente et si vaste de l'éducation des enfants du peuple ; quelques bornés et peu efficaces que dussent être pour cette œuvre des efforts isolés, c'étaient les seuls qui fussent à la portée de Robert Owen. Il s'y employa donc tout entier, convaincu que chaque homme avait le devoir impérieux de prêcher d'exemple en expérimentant les meilleures méthodes, afin d'en déterminer la valeur.

Sous l'active impulsion d'Owen, les écoles de New-Lanark furent enfin terminées et installées.

Des salles spéciales étaient ouvertes aux enfants dès l'âge d'un an. Les bébés se trouvaient là en compagnie de leurs petits semblables et sous une direction pleine de tendresse et de sollicitude. Jamais une parole amère ou irritée ne devait frapper leurs oreilles, et l'on cherchait surtout à cultiver en eux la bienveillance mutuelle et la douceur des mœurs.

La même direction était suivie dans les classes où se répartissaient les élèves plus âgés. Les professeurs ne devaient jamais fatiguer les enfants par des leçons peu appropriées à leur âge ou à leurs capacités. En conversations familières, ils devaient apprendre aux élèves l'usage des choses communes et saisir l'occasion de donner les leçons surtout lorsque la curiosité naturelle poussait les enfants à poser des questions, soit dans les salles d'école, soit pendant les récréations. A tous degrés l'instruction devait être donnée sous la forme la plus attrayante possible, et l'on devait s'appliquer plutôt à cultiver la bonté du caractère qu'à orner l'intelligence.

Deux professeurs, James Buchanan et Marie Young, distingués autant par leurs dispositions essentiellement bienveillantes que par leur savoir, furent chargés par Owen de la haute surveillance de ces écoles et de l'application des principes que nous venons d'indiquer.

Holyoake expose ainsi (1) les sentiments qui animaient Owen dans la direction et l'organisation de ses écoles :

« Owen considérait les adultes comme les propriétaires du monde, dont le devoir était d'accueillir les nouveaux arrivants selon les lois de la plus généreuse hospitalité. Il considérait les enfants comme des petits hôtes auxquels il fallait souhaiter la bienvenue avec courtoisie et tendresse, auxquels il fallait offrir la sagesse et l'amour, qu'il fallait charmer avec des chants et des fleurs, de manière à ce que ces petits fussent heureux et fiers d'être venus dans un monde qui leur donnait le bonheur, ne leur demandant en retour que la bonté ».

Les salles d'école destinées aux élèves un peu avancés étaient ornées de transparents sur lesquels étaient très soigneusement peints des sujets d'histoire naturelle, qui, montés sur des rouleaux, passaient successivement sous les yeux des écoliers.

De grandes cartes coloriées étaient suspendues aux murs, mais sans nom de pays, de fleuves ou de villes.

---

(1) *Histoire de la Coopération en Angleterre.*

Des ronds plus ou moins grands indiquaient l'importance des villes ou des villages. Les enfants, répartis en groupes, se rangeaient en demi-cercles devant ces cartes muettes et la leçon commençait : un des écoliers prenait une baguette assez grande pour lui permettre d'atteindre aux extrémités de la carte et se plaçait au centre du groupe. Les autres écoliers désignaient telles localités, montagnes ou divisions géographiques quelconques, et l'enfant qui tenait la baguette montrait l'emplacement, à la grande satisfaction de ses camarades quand la réponse était juste, à leur grande hilarité si elle était erronée. Et ainsi pour chaque écolier à son tour.

Ce système d'enseignement était si efficace par suite du plaisir que les enfants éprouvaient, que leurs progrès causèrent une vive surprise et provoquèrent l'admiration de tous ceux qui visitèrent l'établissement. Owen dit qu'à six ans les enfants possédaient si bien la géographie, qu'un amiral, ayant visité plusieurs parties du monde, déclara n'être pas capable de répondre aussi bien aux questions posées, que les enfants de New-Lanark l'avaient fait devant lui.

L'éducation était donnée aux filles aussi bien qu'aux garçons. Formés en divisions et conduits aux sons des fifres et des tambours, les enfants se perfectionnaient rapidement et devenaient habiles à tous les exercices. Dès leur plus jeune âge, ils suivaient aussi des leçons de danse et de chant. Les salles étaient spacieuses et salubres.

Dans une lettre publiée par le *Times*, le 13 novembre 1877, Holyoake, l'historien de la Coopération, décrit en termes vibrants l'émotion qui le saisit quand, longtemps après leur abandon, il visita les anciennes écoles de New-Lanark :

« Avant de compléter mon *Histoire de la Coopération en Angleterre*, j'ai jugé de mon devoir de visiter New-

Lanark que je n'avais jamais vu, d'examiner les fabriques érigées sur les chutes de la Clyde, par Sir Richard Arkwright et David Dale, il y a maintenant cent ans, et rendues fameuses par les miracles d'éducation qu'y accomplit Robert Owen. J'avais souvent entendu parler de ces écoles et j'en avais lu plusieurs descriptions publiées par Robert Dale-Owen, fils de Robert Owen. Néanmoins, je fus saisi d'admiration quand je vis ce que ce dernier avait réalisé. Je pensais que les écoles dont on avait tant parlé étaient installées dans quelque atelier sans usage ; je savais qu'elles devaient être commodes, mais je les supposais petites, ternes et d'installation médiocre. Au lieu de cela, je trouvais un édifice séparé, bâti en pierres, vaste et élevé, avec un admirable portique soutenu par quatre colonnes. Le rez-de-chaussée comprenait trois salles d'école, chacune pouvant contenir 600 à 700 personnes. Au-dessus se trouvaient deux salles de conférence très hautes et bien éclairées ; l'une offrait place à 800 personnes ; l'autre, avec galerie tout autour, pouvait en recevoir 2.000.

» Le splendide lustre triangulaire, encore tout brillant, qui pendait du plafond, le joli appareil pour la lanterne magique, etc., sont encore là et, dans un autre bâtiment, édifié par Owen comme salle de danse pour la jeunesse, sont entassés de nombreux tableaux noirs sur lesquels sont peints d'innombrables objets de science et d'histoire naturelle, portées musicales, etc.

» Owen, selon sa coutume favorite, s'était adressé aux meilleurs artistes pour l'établissement de ces diagrammes, dont quelques uns sont de très grandes dimensions. Une somme considérable a dû leur être consacrée. La négligeance et l'action du temps n'ont laissé de ces objets que des vestiges, mais leur perfection est encore assez visible pour montrer le soin extrême qui fut donné à leur création.

» Owen connaissait Fellenberg et Frœbel ; il réalisa leurs idées avec la splendeur et l'ardeur qui lui étaient propres, des années avant que Frœbel ni Fellenberg pussent eux-mêmes les appliquer.

» Mon but en mentionnant ces choses est de faire que South Kensington ou tout autre Musée cherche à obtenir ce qui reste de l'outillage éducatif d'Owen. Ces objets peuvent être restaurés et ils sont assez nombreux pour faire, à eux seuls, une Exposition qui serait du plus grand intérêt pour la nouvelle génération des professeurs..... »

Ecoutons maintenant Robert Owen lui-même : « Les enfants de New-Lanark », dit-il, « toujours traités avec bonté et confiance et n'ayant à redouter aucune parole dure de l'un de leurs nombreux professeurs, faisaient preuve d'une grâce sans affectation, d'une politesse naturelle qui surprenait et enchantait les étrangers.

» Ces enfants, souvent réunis par soixante et dix couples à la fois dans la salle de danse, exécutaient avec la plus grande aisance et beaucoup de grâce naturelle toutes les danses de l'Europe, sans que le professeur eût à s'en occuper ; si bien, que les visiteurs ne soupçonnaient pas la présence du maître dans la salle.

» Dans les leçons de chant, ces élèves étaient si bien dressés à faire accorder leurs voix, que c'était un véritable plaisir de les entendre chanter avec simplicité et sentiment les vieilles romances écossaises, que prisaient fort la plupart des visiteurs.

» D'autres exercices et des marches, parfois avec huit fifres en tête, s'exécutaient, aux dires de certains officiers, avec une précision toute militaire.

» Les filles étaient aussi bien disciplinées et exercées que les garçons ; le nombre des enfants des deux sexes était à peu près égal. Il est remarquable qu'étant élevés journellement ensemble, ces enfants ne paraissaient éprouver les uns pour les autres que des sentiments fraternels et se traitaient comme frères et sœurs. Cela durait jusqu'à douze ans, âge où les élèves quittaient les écoles du jour. »

Ce qu'Owen a fait pour l'instruction à New-Lanark et l'appui qu'il fournit à Bell et à Lancaster montre combien il était favorable à l'éducation de la jeunesse ; mais il était également convaincu que pour rendre cette œuvre réellement effective il fallait préserver les enfants de tout mauvais exemple et les mettre à l'abri des influences contraires de la rue ou du foyer. Il développa sa pensée dans un discours qu'il prononça, comme président, au banquet donné à Joseph Lancaster, à Glascow, en 1812. Parlant du plan d'éducation proposé par Lancaster, Robert Owen dit :

« Par éducation, il faut entendre l'instruction de toute espèce que nous recevons dès notre première enfance jusqu'à ce que notre caractère soit généralement fixé. On a beaucoup parlé et écrit sur l'éducation et néanmoins peu de personnes se sont rendu compte de son importance réelle, et lui ont accordé la place éminente à laquelle elle a droit. L'étude approfondie du sujet nous montre que, dans une très forte mesure, l'enseignement de la jeunesse est la source primordiale du bien et du mal, de la misère et du bonheur qui sont notre lot dans le monde.

» Examinons, » continue-t-il, « les différences physiques et mentales qui distinguent les habitants des diverses régions de la terre. Sont-elles dues à l'hérédité ou sont-elles inhérentes aux pays dans lesquels nous sommes nés ? Ni l'un ni l'autre évidemment. Ces différences tiennent entièrement et exclusivement à cette éducation que j'ai décrite. L'homme devient un sauvage féroce, un cannibale ; ou un être bienveillant et extrêmement civilisé, suivant les circonstances au milieu desquelles il a été placé dès sa naissance. » Il y a là une évidente exagération, mais la distinction à faire entre la somme de vérités des affirmations d'Owen et la somme d'exagérations était d'autant plus difficile que les succès de New-Lanark étaient nouveaux et éclatants.

Poursuivant et illustrant son sujet, Robert Owen ajoute : « Si l'on échangeait dès la naissance un égal nombre d'enfants entre la Société des Amis (Quakers) dont notre vénérable hôte Joseph Lancaster fait partie, et la population de Saint-Gilles à Londres, (1) les enfants des Quakers deviendraient en grandissant capables de toute espèce de crime et en tout semblables aux gens parmi lesquels on les aurait placés ; tandis que les enfants des criminels mis dans le groupe des Quakers deviendraient, à l'exemple de ceux-ci, tempérés bons et moraux.

» Usons donc de tous les moyens en notre pouvoir, pour intéresser tous les personnages influents de la cité à prêter aide et concours au système éducatif de Lancaster ; jusqu'à ce que tous les enfants des classes pauvres sans exception aient place dans les écoles.

» Mais ce serait presque peine perdue, » conclut-il, « d'instruire la minorité, si elle devait passer la plus grande partie de son temps au sein d'une majorité ignorante et vicieuse ; les mœurs et les habitudes de cette majorité contrecarreraient ce qui aurait été accompli pour un petit nombre seulement. »

La renommée de New-Lanark se répandait partout et de toutes les nations civilisées on venait voir les merveilles réalisées par Robert Owen. Les visiteurs se comptaient chaque année non plus par centaines mais par milliers. De 1815 à 1825, le livre des visiteurs porte les noms de plus de vingt mille personnes. Dans le nombre se trouvaient beaucoup d'importants personnages d'Angleterre ainsi que d'illustres étrangers ; le duc de Holstein Oldenbourg et son frère séjournèrent à New-

(1) C'était alors le quartier le plus misérable et le plus démoralisé de Londres.

Lanark le temps voulu pour se rendre bien compte du système employé dans les écoles. Le grand duc Nicolas, depuis Empereur de Russie, les princes Jean et Maximilien d'Autriche, plusieurs ambassadeurs étrangers, le baron Just, ambassadeur du roi de Saxe et bien d'autres hommes marquants visitèrent tour à tour les écoles instituées par Robert Owen.

Le duc de Kent, père de la reine d'Angleterre, qui s'était renseigné pleinement sur Robert Owen et avait provoqué des enquêtes les plus minutieuses sur les procédés de ce réformateur, entra aussi en relations avec lui et le traita toujours avec le plus grand respect et la plus grande confiance. Ils échangèrent de nombreuses lettres. Leurs entretiens portaient non seulement sur les questions d'éducation, mais encore sur tout ce qui intéressait la condition générale du peuple.

L'approbation que le duc de Kent donnait aux projets d'Owen était si complète que les amis de l'instruction à Londres, parmi lesquels se trouvait Lord Brougham, songèrent à établir dans la capitale des écoles d'enfants modelées sur celles d'Owen, et obtinrent de ce dernier un de ses instituteurs pour les diriger. Malheureusement, l'entreprise ne réussit pas. On n'avait pas pourvu aux nombreuses différences qui existaient entre la vie des enfants dans un district encombré et démoralisé de Londres et celle des écoliers de New-Lanark.

Owen dépassait la mesure quand il affirmait qu'on pouvait, en prenant l'enfant dès sa naissance et en le plaçant dans un milieu convenable, faire de lui pour ainsi dire ce que l'on voulait ; mais il était dans le vrai en affirmant que les êtres humains doivent être cultivés dans l'ensemble le plus large possible, seul moyen de prévenir les funestes réactions de la masse inculte contre une minorité cultivée, et d'assurer le progrès général.

XVIII

Enquêtes et témoignages

Owen poussait de tout son pouvoir à l'organisation générale de l'instruction du peuple; mais il ne considérait pas cette œuvre comme suffisante. Sa pensée dominante était que l'on devait respecter les facultés de l'être humain et qu'il était du devoir strict de développer ces facultés par une judicieuse culture. A l'encontre des manufacturiers de son temps qui ne pensaient qu'à récolter des profits, il soutenait qu'il fallait consacrer une partie des bénéfices réalisés par le concours des travailleurs, à l'éducation des enfants et à l'amélioration intellectuelle, morale et sociale du sort de la population toute entière. Ces opinions, il les mettait en pratique dans son établissement ; et les moyens qu'il employait étaient si sagement conçus et si habilement mis en œuvre que les résultats pénétraient d'admiration les examinateurs.

New Lanark comptait, en 1822, deux mille cinq cents à trois mille personnes de tout âge. Un voyageur Américain, M. Griscom, qui visita à cette époque l'établissement et qui y séjourna quelque temps, exprima ainsi ses impressions : « Je ne crois pas qu'on puisse trouver, dans aucun endroit du monde, une cité industrielle où dominent ainsi l'ordre, la bonne direction la tranquillité et le bien être. »

Un autre visiteur important, le docteur Macnab, délégué par le duc de Kent dont il était le médecin, fit aussi un rapport très favorable. L'éloge de Robert Owen y est fait sans réserve, aussi bien pour la direction générale de toute chose qu'en ce qui a trait à l'éducation de la jeunesse.

De 1816 à 1822, l'œuvre de New Lanark attira tellement l'attention publique que les procédés de Robert Owen à l'égard de ses ouvriers et de tout son personnel furent considérés comme applicables à la société toute entière et plus spécialement aux classes pauvres. Des efforts tels que ceux de Robert Owen étaient de nécessité sociale à pareil moment, car le paupérisme augmentait alors rapidement et les travailleurs mécontents menaçaient la paix et la sécurité publique.

C'est alors que fut fondée la *Société philanthropique britannique et étrangère;* elle était constituée en vue de faire l'expérience pratique des plans de Robert Owen. La liste des vice-présidents contenait dix noms d'ambassadeurs et ministres étrangers, et le comité exécutif comptait au moins quinze membres du Parlement.

La première assemblée générale fut tenue à Londres, le 1er juin 1822, sous la présidence de vicomte de Torrington. Le comte de Blessington lut le rapport contenant une esquisse des plans et procédés de l'association. Dans ce rapport ainsi que dans les discours qui suivirent, les plus grands éloges furent donnés à Robert Owen, à son caractère, à ses travaux. Le rapporteur comte de Blessington dit : « Le Comité a été favorisé » des plus intéressantes communications de Robert » Owen, Esquire, de New Lanark, dont l'esprit humain » et lumineux a conçu des plans qui depuis, sous sa » prévoyante direction, ont donné les résultats les plus » prospères. C'est à sa bonne volonté, à ses vues » sociales, à son talent, que le public est redevable du » plus précieux ensemble de faits et d'expériences qui » ait jamais été tenté pour le bien de l'humanité souf- » frante.

» En conséquence, le Comité considérerait comme un » oubli de son devoir de ne point proclamer la haute » estime qu'il professe pour l'intelligence, la bienveillance » et la courtoisie dont M. Owen a fait preuve en sou-

» mettant ses plans au plus minutieux examen du » Comité. »

M. James Maxwell, membre du Parlement, appuyant l'adoption du rapport, s'exprime ainsi :

« Je connais suffisamment les plans proposés par » mon ami, M. Owen, pour savoir qu'ils donnent le » moyen d'éviter les misères les plus poignantes et les » vices les plus grossiers. »

M. W. de Crispigny, membre du Parlement, ajoute que lorsqu'il entendit pour la première fois parler des plans d'Owen, il les regarda comme les idées d'un visionnaire; mais en réfléchissant à la somme de bien qui résulterait de leur mise en pratique, il résolut de faire le voyage d'Ecosse et de rendre visite à M. Owen : « J'examinai toutes choses, » dit-il, « tantôt » accompagné de M. Owen, tantôt sans lui; j'adoptai » même ce dernier procédé. Je voulus voir comment » les choses se passaient quand nul examinateur n'était » attendu, afin de découvrir s'il n'y aurait pas dans » cette organisation quelque disposition défectueuse.

» Je vis tout d'abord les petits enfants âgés d'environ » 18 mois, quelques uns plus grands, réunis dans une » sorte de lieu de récréation, vivant dans un état » d'innocence, de tendresse et d'attention les uns à » l'égard des autres, spectacle dont nous ne voyons » pas souvent l'exemple en ce pays. Cela prouvait que » l'éducation soignée à cette première période de la vie » tend à former de salutaires habitudes qui croitront » jusqu'à la maturité.

» Je passai à l'examen d'une autre classe d'enfants » apprenant à lire. Je les trouvai lisant la Bible, ce » livre destiné à les pénétrer de leurs devoirs envers « Dieu et envers les hommes, et à produire les résul- » tats qui tendent au bonheur présent et futur.

» Le dimanche je suivis les offices, ils ont lieu sur » différents points et sont fréquentés. Il y a une église

» orthodoxe, une ou deux chapelles pour les dissidents, » pour les méthodistes et quelques autres sectes. Mais » nulle part je ne vis plus de tenue, de bonne conduite » et de recueillement, et je demandai à Dieu de voir » pareille chose en notre pays. »

Avant de quitter le fauteuil de la présidence, Lord Torrington dit encore : « J'ai longtemps et beaucoup » entendu parler de New Lanark et j'ai saisi toutes les » occasions de visiter cet endroit célèbre. Je proclame » que rien n'a été raconté ici, dont je n'aie personnel- » lement vérifié l'exactitude. Nulle parole ne peut rendre » pleine justice à l'excellence des arrangements de cet » établissement. A New Lanark, M. Owen réunit souvent » 1,000 à 1,200 personnes, dont un certain nombre de » 16 à 20 ans. Une conversation amicale entrecoupée » de quelques morceaux de musique est l'objet de cette » réunion. Je sortis un jour à la dérobée un quart » d'heure avant la clôture, pour voir si je ne décou- » vrirais point, parmi tant de jeunes gens, quelque » désordre à la sortie, mais la conduite des assistants » était dictée par les meilleurs rapports qu'inspirent » l'amitié et la fraternité, et en moins de dix minutes » chacun était rentré chez soi avec ordre et régularité.

» Dans mes promenades à travers l'établissement, je » demandai à M. Owen de me laisser seul, afin de » me faire par moi-même une opinion, et je suis » convaincu que quiconque a vu ce que j'ai vu, ne peut » avoir aucun doute sur l'excellence du plan de M. Owen » et doit devenir un fervent apôtre des mesures dont » le développement motive l'assemblée actuelle. »

En fait, rien n'était plus complet que le succès de New Lanark.

A la suite de cette assemblée, des souscriptions s'élevant à la somme de 55,000 Livres (1.375.000 fr.) furent annoncées. Mais les opérations furent différées, on jugea qu'un capital plus fort était nécessaire pour obtenir chances de succès. Plus tard les alarmistes de la société en question reculèrent et rien ne fut réalisé.

XIX

Résistances de l'esprit de secte. Dénonciation par Owen des erreurs inhérentes à toute religion empreinte d'intolérance ou d'exclusivisme. Graves difficultés avec William Allen. 1824.

Nombreuses furent les difficultés qu'Owen rencontra dans l'extension et l'application de ses plans de réforme; il n'en continua pas moins ses travaux avec une ténacité et une constance sans égale.

Les résistances qui lui furent les plus désagréables et les plus pénibles lui vinrent encore de la part de ses associés. Certes, Jérémie Bentham était trop libéral pour s'opposer aux essais tentés par Owen, mais il était trop occupé de ses propres affaires pour aider le novateur dans ses différends avec les autres associés. Parmi ces derniers, le plus remuant était William Allen, membre de la secte des Quakers, homme très consciencieux et bien intentionné, mais étroit de vues, pointilleux et agressif. Dès les premiers jours, William Allen envisagea Owen avec suspicion, tandis que de son côté le réformateur s'attendait à des difficultés de la part d'un collègue dont il ne partageait pas les idées religieuses et qui devait avoir mille occasions de s'interposer dans les questions d'éducation et de direction morale du personnel de New Lanark.

Owen lui en fournit lui-même le prétexte.

On était alors en 1817. Le Parlement était en session à Londres. Robert Owen se rendit dans cette ville pour y susciter, au moyen de conférences et de publications diverses, un mouvement à l'appui de ses propositions pour l'amélioration du sort des travailleurs. Bien que sa notoriété fut grande déjà dans les rangs élevés de la société, il n'était encore que peu connu et peu soutenu du peuple et n'avait dans ses rangs qu'un nombre restreint de partisans. Les politiciens libéraux le soupçonnaient de travailler dans l'intérêt des aristocrates ; ceux-ci, chefs des Whigs ou des Tories, repoussaient l'étude des questions proposées par Owen comme étant de nature à troubler l'ordre de choses établi. La force du réformateur résidait dans la presse : il achetait et répandait les journaux où ses discours étaient reproduits et en faisait adresser un numéro à tous les personnages marquants du Royaume.

Dans la seule année 1817, il dépensa pour cet objet cent mille francs. Il publia en même temps diverses brochures contenant les articles du *Times* et autres journaux exposant ses projets de réformes. Ces brochures tirées à quarante mille exemplaires furent enlevées, tellement était considérable l'intérêt qu'elles excitaient. Devant l'intensité et l'étendue de cette propagande, les adversaires d'Owen redoublèrent d'efforts pour paralyser l'influence du réformateur, et ils commencèrent à l'attaquer principalement au point de vue religieux.

Robert Owen ne s'était jamais posé en juge des différents dogmes religieux ; il connaissait historiquement toutes les religions qui se partageaient le monde ; il les considérait toutes avec impartialité, déplorant et réprouvant profondément les persécutions et les crimes commis au nom de chacune d'elles.

Il avait toujours dédaigné les attaques personnelles, mais les choses en vinrent au point, qu'il provoqua lui-même à Londres une réunion publique, le 14 août 1817, pour exposer tous les faits de sa vie et répondre aux diverses questions qu'on pourrait lui poser. Il développa ses plans de réformes sociales, et, malgré l'opposition des meneurs politiques, ses propositions furent approuvées. Une seconde assemblée fut décidée pour le 21 du même mois. Une foule innombrable se rendit à cette nouvelle réunion et un millier de personnes séjournèrent plusieurs heures à la porte sans pouvoir trouver à se placer. Owen prit la parole, fermement décidé à livrer sa pensée entière à ses auditeurs. Il décrivit magistralement ses plans d'amélioration pour le sort du peuple, puis, arrivant au côté religieux de la question, il s'écria :

« Vous me direz maintenant : Si vos plans sont aussi » avantageux, pourquoi donc n'ont-ils pas été mis uni» versellement en pratique dès l'origine du monde ? » Pourquoi tant d'innombrables millions de nos frères » en humanité ont-ils été, dans les générations succes» sives, victimes de l'ignorance, de la superstition, de » la dégradation mentale et de toutes les misères ? » Jamais une question plus importante n'a été posée » devant les enfants des hommes. Qui y répondra ? » Qui osera y répondre, sans être prêt à sacrifier sa » vie pour le triomphe du vrai, l'émancipation du » monde, l'anéantisssement du long esclavage d'erreurs, » de haines, de crimes, qui a enchainé tant de géné» rations.

» Eh bien ! je vais vous donner le mot de l'énigme. » Vous ferez ensuite de moi ce que vous voudrez. Je » me soucie aussi peu des conséquences de ce que je » vais vous dire, que de savoir s'il pleuvra ou s'il fera » beau demain.

» Ce qui m'importe, ce que je veux par-dessus tout, » c'est accomplir mon devoir envers vous et envers le » monde ; dût-ce être le dernier acte de ma vie, je » mourrais content, sachant que j'ai vécu pour un but » important.

» Donc, mes amis, je vous le déclare, ce qui nous a » jusqu'ici empêché de connaître le bonheur, ce sont » les erreurs, les grossières erreurs combinées avec

» les notions fondamentales de toutes les religions et
» enseignées ainsi à l'humanité.

» Ces erreurs ont fait de l'homme l'être le moins
» consistant et le plus misérable de la création ; elles
» l'ont rendu faible et imbécile ; elles ont fait de lui un
» misérable hypocrite , ou un bigot fanatique et
» furieux.

» Les pires effets sont résultés des haines fomentées
» par les différences de religion ; les maux les plus ter-
» ribles en ont découlé pour tous les peuples et dans
» tous les temps.

» Aussi, pouvons-nous le déclarer bien haut : si, dans
» les colonies d'union et de coopération mutuelle pro-
» jetées, l'on introduisait une seule particule d'intolé-
» rance religieuse ou d'esprit de secte, des maniaques
» seuls pourraient aller y chercher ensuite l'harmonie
» et le bonheur.

» Je ne viens pas vous demander l'impossible ; je
» sais ce que vous pouvez faire et ce que vous ne
» pouvez pas faire ; mais considérez que tout homme
» doit jouir d'une liberté de conscience illimitée.

» Je ne suis ni de votre religion, ni d'aucune des
» religions enseignées dans le monde. Elles m'apparais-
» sent toutes entachées de nombreuses, oui de très
» nombreuses erreurs. Suis-je à blâmer pour penser
» ainsi ?

» Ceux qui ont étudié la nature humaine savent qu'il
» n'est pas en mon pouvoir de me modifier sous ce
» rapport, de changer les idées et les pensées qui m'ap-
» paraissent comme vraies.

» L'ignorance, la superstition, le fanatisme renouvele-
» raient en vain leurs efforts, tant de fois essayés pour
» obliger la conviction à se modifier elle-même et à
» accepter ce qu'elle réprouve, qu'ils n'aboutiraient en-
» core qu'à livrer au bûcher la victime fidèle à sa pro-
» pre conscience, ou qu'à faire de l'être humain le plus
» misérable hypocrite.

» Donc, à moins que le monde ne soit préparé à
» repousser toutes ces notions religieuses erronées et
» à reconnaître la justice et la nécessité d'une liberté
» de conscience absolue, il serait futile d'élever des
» colonies d'union et de coopération mutuelle ; car on
» chercherait alors en vain sur cette terre, des hommes
» déterminés à vivre dans la paix et l'harmonie, à
» aimer leur prochain comme soi-même, que ce pro-
» chain fût juif ou gentil, mahométan ou païen, catho-
» lique ou infidèle.

» Toute religion qui est entachée de la moindre pen-
» sée d'exclusivisme est fausse et contient une malé-
» diction pour la race humaine. »

Owen n'était pas doué d'une beauté physique, mais il était plein d'inspiration et prompt à la réplique. Dans les discours publics, sa voix lançait des éclats d'éloquence passionnée. Holyoake raconte que dans ce mémorable meeting tenu en 1817, à la taverne de la Cité de Londres, les étudiants de l'Université de Cambridge, bien qu'ils fussent prévenus contre lui, furent frappés de la dignité de son attitude.

Après un intervalle de 56 ans, l'un d'eux disait que Robert Owen, lorsqu'il lança sa phrase : « *All the religions of the world are wrong,* » (Toutes les religions du monde sont entachées d'erreur) lui apparut comme croissant en stature et dépassant le niveau ordinaire des hommes. Les innombrables auditeurs l'écoutaient dans un profond silence, puis, sous l'impression de la courageuse déclaration d'Owen, ils éclatèrent en un tonnerre d'applaudissements.

Il est difficile de juger l'acte extraordinaire d'Owen dénonçant toutes les religions du monde ; mais cet acte lui avait paru nécessaire et il l'accomplit de propos délibéré. Il en avait prévenu à l'avance son associé William Allen, le quaker.

Quoiqu'il en soit, cette attitude d'Owen entrava dans

une certaine mesure l'adoption de son système industriel et éducatif. Considéré la veille comme simple réformateur social, il fut envisagé le lendemain à la fois comme réformateur social et comme réformateur religieux.

Les conséquences d'une pareille hardiesse ne tardèrent pas à se faire sentir. Beaucoup de personnes de la classe influente l'abandonnèrent et celles qui lui restèrent fidèles, telles que le duc de Kent, père de la reine Victoria, et lord Brougham, ne purent empêcher que l'on ne ruinât sourdement son influence. Bien des années plus tard, dans les réunions publiques provoquées par Owen, la vie du réformateur fut souvent en danger et il ne fut préservé d'accidents que par l'intrépidité des ouvriers.

Au cours de sa propagande socialiste, Robert Owen sollicitait vivement le concours des hommes de toutes sectes, déclarant que tous étaient les biens venus s'ils pouvaient seulement ajouter à leurs croyances ce qu'Owen appelait *la religion du nouveau monde moral*. Cette religion se rapportait bien plus à la pratique qu'à la foi et consistait, pour chacun, à rechercher incessamment selon l'étendue de ses forces le bonheur de tout être humain, homme, femme, enfant, sans distinction de classes, de sectes, de partis, de pays, ni de races. (Le mot bonheur n'avait dans la pensée d'Owen rien de bas ni de sensuel ; il sous-entendait le plus grand bien qui puisse être atteint par le plus complet développement et le plus noble usage des forces et facultés humaines les plus élevées). La mise en pratique de cette simple formule était tout ce qu'Owen demandait à ses adhérents, laissant chacun absolument libre de pratiquer telles formes de culte qui lui plaisaient.

Le duc de Kent, appréciant Owen, disait deux ans après la célèbre dénonciation dont nous venons de parler : « Si j'ai bien compris Robert Owen, ce sont ses propres principes qui l'empêchent de se joindre à aucune secte.

Il réclame pour lui même, ce qu'il est si désireux d'obtenir pour tous les autres hommes : la liberté religieuse et la liberté de conscience; et il combat pour cela parce que son expérience l'a obligé à conclure que ces principes sont maintenant nécessaires pour assurer le bien-être et le bon ordre dans la société. »

Mais Allen ne pouvait voir les choses au même point de vue. Robert Owen encourageait la lecture, les luttes oratoires ; il aimait que les opinions se fissent jour librement ; la musique, le chant, la danse, étaient enseignés dans les écoles. Tout cela était aux yeux d'Allen souverainement inconvenant et propre à développer la légèreté et la vanité. Les jambes nues des enfants sous leur costume national, le choquaient tout particulièrement et il n'eût de repos que lorsqu'il eût modifié tous ces points.

Obligé à des rapports constants avec un tel homme, Robert Owen dut se montrer très circonspect ; mais les difficultés ne pouvaient être évitées. On lit dans les mémoires d'Allen : « Je suis très anxieux au sujet de » Robert Owen. Il a proclamé dans les journaux ses » principes irréligieux et veut me faire concourir à ses » plans, ce à quoi j'ai résisté de la façon la plus positive. Je suis résolu à ne point rester dans la société » de New-Lanark, à moins qu'on n'y établisse une sur» veillance étroite et constante, confiée à quelqu'un dont » nous soyons absolument sûrs. » Et ailleurs : « J'ai conféré » avec Lord Seymour et je lui ai affirmé combien je tenais » en horreur les principes de Robert Owen ».

Le 20 avril 1818, William Allen écrit : « Je viens de pas» ser une semaine d'épreuves ; j'ai soutenu de nombreu» ses controverses avec Robert Owen sur l'hétérodoxie » de ses principes et cela m'a obligé à de pénibles conten» tions d'esprit ».

Le 6 mai de la même année, trois des associés de Londres se trouvaient à New Lanark; Allen, qui était du nombre, demanda à Mme Owen si la population se préterait à une assemblée générale ? La réponse fut affirmative. Sur une demande d'Owen pour savoir si son associé désirait réunir la population ? « J'ai l'intention de le » faire, » répondit Allen, « mais je ne réponds pas à l'avance » de ce que je pourrai dire au personnel. Certainement, je ne préparerai rien, mais puisque vous avez » exposé aux travailleurs vos principes personnels, je » crois bon, moi aussi, de leur exposer les nôtres. »

L'assemblée eut lieu le lendemain dans la soirée et les choses se passèrent paisiblement comme à l'ordinaire. Il se produisit pourtant un curieux incident :

Une Adresse fut présentée aux trois propriétaires de Londres. Elle disait :

« A vous, Messieurs les propriétaires de l'établissement, » nous, habitants de New-Lanark, déclarons ceci :

» Nous sommes pleinement convaincus que si vos » autres affaires vous empêchent de résider habituel» lement parmi nous, vous désirez assez, néanmoins, » l'amélioration de notre sort et le progrès de notre » bien-être pour favoriser toute mesure tendant à ce » but. C'est pourquoi nous croyons utile de vous remer» cier publiquement des nombreux bienfaits dont nous » jouissons par suite de votre coopération avec M. Owen » et les autres associés de New-Lanark.

» Les soins gratuits accordés à nos enfants et la » direction bienveillante qui prévaut dans toutes les » branches du service sont des avantages pour les» quels nous vous offrons nos vifs sentiments de » gratitude. Nous reconnaissons que notre sort est bien » supérieur à celui des autres ouvriers employés dans » les fabriques de coton et notre désir est de mériter, » par la plus vigilante attention à l'accomplissement » de nos devoirs, la continuation de vos bontés.

» Nous espérons que l'intérêt que vous et d'autres » chefs d'industrie avez apporté au projet de loi pré» senté au Parlement, et qui aurait pour résultat de

» placer en quelque sorte toute la classe ouvrière du
» royaume dans une situation analogue à la nôtre,
» trouvera sa récompense dans l'adoption même de
» cette loi.

» Nous concluons en vous exprimant notre désir de
» voir tous les tisseurs jouir des mêmes avantages que
» nous. Alors, les patrons goûteront la jouissance supé-
» rieure de posséder l'affection d'un peuple heureux et
» bien administré ; et les travailleurs jouiront du
» bonheur qu'une direction pleine de bonté recèle pour
» les administrés.

» Avec respect, Messieurs, nous vous remettons la
» présente Adresse en notre nom et au nom des habi-
» tants de New-Lanark. » (Suivent les signatures).

Le langage tenu par les travailleurs prouve que les relations entre la direction et le personnel étaient aussi bonnes que possible et que rien dans l'enseignement donné aux enfants n'avait éveillé le plus léger scrupule dans l'esprit des parents.

Le jour même de cette assemblée, William Allen écrit :
« Joseph Forster et moi sommes allés nous promener
» dans le vieux Lanark : nous nous sommes enquis
» auprès du ministre de l'état moral des gens de la
» fabrique. Le ministre nous affirme n'avoir connu
» aucun cas d'ivrognerie depuis un an ou deux. Son
» avis est que les principes de Robert Owen n'ont
» point de racines dans la population. Nous sommes
» allés voir un autre ministre. Il confirme le bon
» témoignage de la moralité du peuple. Il semble cor-
» dialement heureux de nos sentiments personnels sur
» les Saintes Ecritures. Nous le sollicitons de visiter
» souvent les écoles, de voir ce qu'on y enseigne et
» de nous avertir, s'il constatait la moindre tentative
» d'introduction de quelque principe contraire à la
» religion révélée. » A partir de ce jour, William Allen

ne perdit aucune occasion de s'immiscer dans la direction scolaire.

Malgré les embarras suscités par Allen, l'efficacité des écoles se soutint quelque temps encore, c'est-à-dire tant que Robert Owen s'en occupa ; mais celui-ci ne fut en rien soutenu par les associés résidant à Londres. La nécessité d'une séparation s'imposait donc de plus en plus. Dès 1822, Owen en avait eu le premier pressentiment. Après avoir visité New-Lanark, Allen lui écrivait : « J'ai reçu ta lettre m'accusant réception de » celle où je t'informais de notre bon retour à Londres. » Toute la sympathie que j'éprouve pour le côté bien- » veillant de ton caractère en est fortifiée. Mais je suis » profondément peiné de voir que nos principes sont » diamétralement opposés.

» Puisse l'Être suprême qui voit autrement que nous, » influencer ton cœur, avant que l'ombre de la mort » soit sur toi, afin de te pénétrer de ces impressions » que seul il peut donner. Alors tu percevras qu'il y a » quelque chose d'infiniment supérieur à la raison » humaine, quelque chose que la raison humaine ne » comprendra jamais, toute raisonnable qu'elle soit. Il » est *maintenant* évident pour moi que nous devons » nous séparer. »

En janvier 1824, Allen était parvenu à imposer l'installation dans les écoles d'un maître venu de Londres et spécialement instruit des changements qu'il voulait opérer. Il écrivit à ce sujet : « Mon esprit est fort soulagé ; » je crois que dans cette lutte, l'esprit divin est avec » moi. La famille Owen est honorable, mais la chose » essentielle lui fait défaut... Je suis tranquille mainte- » nant ».

Il en était autrement pour Robert Owen qui, ayant dépensé les meilleures années de sa vie à l'organisation des écoles de New-Lanark, voyait réduire et anéantir sur certains points tout le fruit de ses efforts, par une opposition systématique, contre laquelle il eût en vain épuisé son temps et ses forces.

Quand il vit ses associés de Londres soutenir les efforts d'Allen, alors la nécessité d'une séparation lui devint aussi évidente qu'elle l'était pour Allen lui-même.

Les actes de Robert Owen, ses deux précédentes dissolutions de société, sa ligne de conduite à New-Lanark, ses soins incessants et les sacrifices qu'il faisait pour l'éducation, tout prouve qu'il considérait la réalisation des conditions de bonheur pour les classes laborieuses, comme le devoir essentiel de sa vie, comme une obligation suprême dont il a maintes fois exposé les motifs.

Avec un homme tel que lui, comprendre une vérité et agir ne faisait qu'un. Son expérience de New-Lanark ne fut que la mise en pratique de ce qu'il reconnaissait indispensable non seulement pour la Grande-Bretagne, mais dans l'intérêt du monde entier.

XX

Travaux d'Owen en dehors de New-Lanark. Projet de colonies d'assistance par le travail en Grande-Bretagne, 1817.

Tout en organisant et en poursuivant son œuvre de New-Lanark, Owen s'occupait en même temps et avec une grande activité des intérêts généraux du pays et publiait divers mémoires.

Un d'eux intitulé : *Observations sur les conséquences du système manufacturier*, contient un large exposé de la question et des réflexions fort judicieuses, d'abord, sur le rapide transfert de la population agricole vers les districts manufacturiers, ensuite, sur le développement proportionnel de la richesse des capitalistes et de la misère des classes laborieuses. Owen termine ce mémoire par un appel en faveur de l'amélioration du sort des travailleurs et de l'éducation générale des enfants du peuple.

En mars 1817, il publie un nouveau mémoire adressé au Comité de secours du Travailleur, lequel était relié au Comité de la Chambre des Communes chargé des études sur la loi des pauvres. Dans ce mémoire, Robert Owen propose d'employer les sommes immenses levées pour les pauvres, à organiser des Colonies d'assistance par le travail où l'intérêt des assistés serait en accord évident avec les efforts qu'on attendait d'eux, où ils auraient toutes les facilités d'élever leurs enfants dans de bonnes habitudes, afin que ceux-ci devinssent des travailleurs à l'âge adulte. Le mémoire très détaillé était accompagné des plans et devis des terrains et bâtiments nécessaires aux fondations proposées : cultures, vergers, moulins, brasseries, ateliers de production mécanique et manufacturière, buanderie, séchoirs, cuisine commune, réfectoire, écoles, salle de conférences, chapelle, etc...

Les hommes devaient s'employer aux cultures et dans les divers ateliers ou bien donner des leçons aux enfants, s'ils possédaient pour cela l'instruction nécessaire.

Les femmes devaient soigner les enfants, entretenir l'ordre et la propreté dans les appartements ; elles devaient, aussi, cultiver dans les vergers les plantes potagères et légumineuses pour la cuisine commune. Les enfants les plus âgés devaient concourir aux travaux qui leur seraient accessibles et recevoir ainsi une instruction professionnelle. Les choses étaient organisées de façon à ce que chaque établissement pût se soutenir par lui-même.

Dans les observations à l'appui de son projet, Owen insiste particulièrement sur ce fait, que les sommes employées en aumônes et en entretien de *Work-houses* étaient dépensées non seulement en pure perte, mais encore d'une façon préjudiciable à la société et aux pauvres eux-mêmes : le sytème d'assistance généralement adopté, ayant pour résultat d'encourager le vice, la paresse et d'engendrer des générations successives de pauvres, opérant ainsi à l'encontre du but que l'on se proposait.

Plus on examine les projets d'assistance que Robert Owen proposait dès 1817, plus on est frappé du soin, de la méthode et de la profondeur de vues avec lesquels il les avait étudiés. Naturellement, ses plans ne furent pas acceptés et le gouffre du paupérisme alla toujours s'élargissant, engloutissant chaque année des sommes considérables. Rien ne justifie mieux la prévoyance et les appréhensions d'Owen que les millions perçus et dépensés en Grande-Bretagne pour les taxes concernant les pauvres. Dans une période de quinze ans seulement, de 1866 à 1881, les impôts relatifs à ce sujet se sont élevés à 125 millions de Livres sterling, soit 3,125 millions de francs, ou un peu plus de 208 millions de francs par an !

XXI

Voyage en Europe, 1818. Efforts d'Owen près des divers gouvernements et des classes ouvrières en général.

Parmi les nombreux étrangers qui visitèrent successivement New-Lanark et étudièrent les combinaisons industrielles et éducatives d'Owen, se trouvait le professeur Pictet, suisse d'origine, que son pays avait délégué comme envoyé extraordinaire au Congrès de Vienne en 1814, et au Congrès de Paris en 1815.

Pictet, qui était devenu le disciple et l'ami de Robert Owen, se trouvait à New-Lanark vers 1818. Au cours d'une conversation, Owen lui exprima le désir qu'il avait de faire un voyage en Europe pour étudier la condition des classes ouvrières en divers pays, et surtout pour examiner les nouvelles méthodes d'enseignement, spécialement celles mises en application dans le célèbre établissement de M. Fellenberg à Hofwyl, canton de Berne.

Owen et Pictet partirent donc de New-Lanark et se rendirent à Londres où se trouvait en ce moment Georges Cuvier, que le roi de France, Charles X, avait chargé d'étudier les lois constitutionnelles anglaises. Le grand naturaliste français ayant terminé sa mission, se disposait à retourner en France, quand Pictet, avec qui il était en bonnes relations, lui présenta Robert Owen et lui indiqua les projets du novateur.

Cuvier offrit gracieusement, aux deux amis, place sur une frégate que le gouvernement anglais avait mis à sa disposition. Owen et Pictet acceptèrent et le voyage se fit en compagnie.

Owen fut reçu à Paris avec beaucoup de faveur, spécialement par le duc d'Orléans (devenu plus tard Louis-Philippe), à qui il se présenta muni d'une lettre d'introduction du duc de Kent. Il fut aussi présenté à M. de Polignac, alors premier ministre de Charles X ; M. de Polignac déclara connaître et apprécier hautement les idées du réformateur, mais dit qu'il considérait comme prématurées les tentatives de réalisation.

Owen se lia aussi d'une étroite amitié avec Laplace et Alexandre de Humbold. Il se rendit ensuite à Genève, où il fit connaissance de Sismondi ; à Fribourg, il visita avec soin le grand établissement du père Oberlin ; à Yverdun, il examina attentivement celui du professeur Pestalozzi ; mais ce qui fixa le plus vivement son attention fut la célèbre institution fondée par M. de Fellenberg, à Hofwyl, canton de Berne.

Cet établissement comprenait une ferme, des ateliers, des écoles industrielles et scientifiques. Sa renommée était considérable en Europe. Owen fut tellement séduit par ce qu'il vit à Hofwyl qu'il s'arrangea pour y faire compléter l'éducation de ses deux fils aînés, âgés l'un de 16 ans, l'autre de 15.

Il se rendit ensuite à Frankfort et prépara des mémoires qui furent présentés aux souverains alliés, réunis en Congrès à Aix-la-Chapelle.

Le premier de ces mémoires était intitulé : *Aux gouvernements d'Europe et d'Amérique en faveur des classes ouvrières.* Robert Owen faisait appel aux classes dirigeantes pour vaincre les misères sociales, représentant aux gouvernements que c'était une question de police publique d'inaugurer des institutions qui assurassent le bien-être des peuples et missent fin aux maux et dangers dont il présentait le tableau. Il fut en réalité un des premiers à poser le grand problème du travail dans ses rapports avec le capital.

De retour en Angleterre, Owen publia, en avril 1819, dans le journal *The Star*, un *Appel aux classes ouvrières.* Faisant allusion aux gens qui disaient que, bien que vraies en principe, ses théories ne pouvaient être traduites en faits, Owen, dans ce document, réplique que c'est l'invariable objection faite à tous les progrès. Il écrit : « Ceux qui parlent ainsi oublient que la vapeur a été méconnue à son début, et pourtant elle permet à un seul homme d'accomplir le travail de mille ouvriers. » Dans cet Appel aux travailleurs, il ne fait aucune allusion aux abus d'autorité ni aux faits d'exploitation propres à exciter les diverses classes sociales les unes contre les autres. Il plaide, au contraire, la tolérance mutuelle. « Etes-vous animé », dit-il, « de sentiments » d'aigreur et de colère contre vos compatriotes placés » dans des conditions opposées à vos intérêts? Ces » sentiments fâcheux doivent être écartés pour vous » mettre réellement en état de travailler au bien géné- » ral. Si vous arrivez à vous connaître vous-mêmes, » vous reconnaîtrez alors qu'aucun motif de colère ne » doit vous animer à l'égard de ceux qui, par les vices

» du système social actuel, apparaissent comme vos » plus grands oppresseurs et vos plus mortels ennemis. » Une multiplicité de circonstances sur lesquelles ni » vous ni eux n'avez pu exercer aucun contrôle, vous » ont placé les uns et les autres dans la situation où » vous êtes.

» En stricte justice, nulle classe n'est à blâmer pour » les maux actuels de la vie sociale, et quelque » radieuse en apparence que soit la situation des » classes dirigeantes, celles-ci ont également leurs cau» ses d'anxiété. Les classes supérieures ont été dressées » dès le berceau à s'exalter elles-mêmes dans l'applica» tion de mesures sociales, par lesquelles la grande » masse du genre humain est dépouillée de ses béné» fices essentiels. Mais les classes privilégiées sont » moins pénétrées du désir de tenir abaissées les clas» ses ouvrières que de la crainte de perdre les élé» ments de confort et de satisfaction dont elles jouis» sent. Qu'elles arrivent à comprendre clairement que » l'amélioration du sort des classes ouvrières, loin de » porter préjudice à leurs privilèges actuels ni à ceux » de leurs descendants, ajouterait au contraire à la » sécurité sociale, et vous les verrez coopérer active» ment à la réalisation des plans conçus pour la satis» faction de tous. »

Ces paroles montrent combien Robert Owen était convaincu de l'excellence de son système. Nous avons déjà dit que ses travaux de New-Lanark lui avaient valu une réputation universelle, et que les plus grands personnages lui accordaient estime et attention. Un des principaux parmi eux, le duc de Kent, mourut brusquement le 23 janvier 1820. Owen perdit en lui un ami sincère et un puissant défenseur. Néanmoins Owen continua d'influencer l'opinion publique.

En 1822, ému de la déplorable condition de l'Irlande, il se rendit à Dublin, se renseigna à fond par des enquêtes, provoqua de grandes réunions publiques et dressa ensuite un rapport général sur l'état alors effroyable du peuple irlandais. Mais que pouvait Owen contre un tel état de choses? Il aurait fallu pour y remédier une modification des lois concernant le sol, et la question était si peu connue que le mot même n'en était pas posé devant l'opinion publique. Les réunions provoquées par Owen furent nombreuses ; les propriétaires offrirent des secours, mais rien d'efficace ne fut tenté et n'aurait eu d'ailleurs chance de succès.

De 1812 à 1825, Owen chercha par tous les moyens, à faire adopter ses vues aux classes supérieures. La raison qui dictait sa conduite était que, s'il s'adressait exclusivement aux classes ouvrières, les grands repousseraient ses vues pensant qu'elles pouvaient contenir quelques éléments perturbateurs. Pourtant, il avait coutume de dire que son but était bien plus de rendre clair ce qui était vrai que d'attaquer ce qui était faux.

Il eut plusieurs entrevues avec Lord Liverpool, M. Canning et autres membres du Gouvernement et leur expliqua les grandes lignes des mesures pratiques qu'il proposait : « Je les trouvais, » dit-il, « très désireux de m'écouter. Ils confièrent à Lord Sidmouth l'examen détaillé de mes projets. A la suite de nos diverses entrevues, j'acquis la conviction que le Gouvernement était favorable, mais qu'il était empêché par le parti des économistes politiques, lequel pesait d'un grand poids sur l'opinion publique. Par les soins du Gouvernement, mes propositions furent imprimées et communiquées officiellement à tous les Gouvernements d'Europe et d'Amérique. Les savants et les hommes d'Etat les examinèrent et n'y trouvèrent rien à redire. »

Owen dit encore : « Dans une dernière entrevue avec Lord Sidmouth, secrétaire d'Etat à l'Intérieur, celui-ci me dit : « M. Owen, je suis autorisé par le Gouvernement à vous déclarer que nous admettons la vérité des principes dont vous vous faites l'avocat, et qu'avec vous nous croyons que si ces principes étaient loyalement appliqués, ils donneraient les meilleurs résultats. Mais nous jugeons que le public n'est pas encore en état de comprendre vos principes, ni, en conséquence, préparé à les mettre en pratique. Quand l'opinion publique sera suffisamment éclairée pour comprendre et appliquer vos vues, nous serons tout prêts et tout disposés à en proclamer l'excellence et à les prendre pour règle de nos décisions. Nous savons qu'aujourd'hui nous agissons d'après des principes erronés, mais nous y sommes obligés par l'opinion publique trop fortement attachée aux vieilles coutumes. »

Owen touché de la sincérité de cette déclaration répondit : « Je considérerai, désormais, comme un devoir d'éclairer le peuple et de créer un nouveau courant dans l'opinion publique. » Et, dans ce but, il résolut de constituer un grand comité de propagande. Il alla trouver Lord Liverpool, alors premier ministre, et lui demanda la permission de l'inscrire parmi les membres de ce comité dans lequel il désirait aussi faire entrer des membres de l'opposition. Lord Liverpool lui répondit : « Vous pouvez vous servir de mon nom et nous compter au rang des membres de votre comité, mais qu'il soit bien entendu que ce n'est qu'un comité d'étude. » Les jours suivants, Owen tint un meeting public pour organiser ce comité qui devait comprendre les principaux membres des deux partis opposés de la Chambre. Devant un auditoire nombreux et bien composé, Owen exposa ses plans et pendant plusieurs heures il fut évident que les trois-quarts de l'assemblée désiraient que la question fut résolue par l'affirmative. Mais tel n'était pas le désir des radicaux présents dans l'assemblée. Ces derniers, supposant qu'Owen agissait d'accord avec le Gouvernement, rassemblèrent toutes leurs forces pour s'opposer à ses vues et, se voyant en minorité, ils fatiguèrent la patience des amis de la cause par leurs objections répétées et la longueur voulue de leurs discours. Ils furent cause que rien ne put aboutir.

Owen continua sa propagande par la presse et par la parole et tenta avec persistance de pousser l'opinion publique dans le sens de ses projets; mais ce fut peine perdue et Holyoake remarque à ce sujet « que l'opinion publique ne se laisse pas si facilement diriger. »

De 1821 à 1823, Owen tint de nombreuses réunions publiques, notamment dans la Rotonde à Dublin. Pourtant, il ne put suppléer à l'état d'insuffisance de l'instruction populaire, ni vaincre la méfiance des classes possédantes. Après une foule de tentatives sans résultat et fatigué de la résistance insurmontable qu'il rencontrait de toutes parts, il partit, en 1823, pour l'Amérique déterminé à rechercher les moyens d'essayer, sur cette terre libre, les réformes qu'il n'avait pu faire aboutir sur le sol anglais.

XXII

Premier voyage aux Etats-Unis, 1823

Arrivé aux Etats-Unis, Owen visita les principaux hommes d'Etat de la grande République. Il conféra avec John Adams, alors âgé de 90 ans; avec Jefferson; avec Maddison, âgé de 74 ans. Il fut ensuite reçu par le président Monroë; et une cordiale fraternité s'établit entre eux. Il noua des relations avec plusieurs illustres hommes d'Etat et visita particulièrement John Quincy Adams, ancien ambassadeur des Etats Unis à la cour de Saint-James et dont il avait fait la connaissance à Londres. Ce dernier exposa les vues d'Owen devant la Chambre des représentants des Etats-Unis; il le fit avec une grande habileté et une profonde distinction, mais la motion était trop prématurée pour recueillir la majorité des voix; cependant, la minorité fut considérable.

Robert Owen fut reçu avec distinction par les différents partis politiques et, à la requête publique, il donna des conférences dans la Chambre même des représentants, à Washington; les ministres, le Sénat et tous les juges de la Cour suprême y assistèrent.

Il donna encore d'autres conférences dans les principales villes des Etats-Unis, puis retourna en Grande-Bretagne après avoir propagé ses idées et ses plans dans la limite de ses forces.

L'année d'après, il revint aux Etats-Unis et acquit un grand établissement pour y essayer définitivement son système. Nous allons raconter comment se fit cette opération.

XXIII

Un mot sur les Rappites

Le lieu où vont se dérouler les péripéties de cette histoire fut d'abord possédé par les Rappites, et vendu à Robert Owen, voici en quelles circonstances :

Au commencement du siècle et pendant la période de fermentation religieuse qui troubla le vieux Wurtemberg, George Rapp, par ses prédications, avait constitué une secte considérable. Afin de fuir de cruelles persécutions, il vint avec ses fidèles, qu'on appelait les Rappites, chercher un refuge en Amérique; c'était en 1803.

Il acheta 5,000 acres de terres en Pennsylvanie et commença un établissement qu'il appela Harmony. En 1804 ses disciples, au nombre d'environ 600, vinrent le rejoindre et la société fut définitivement organisée. Au début chacun dut s'imposer un rude travail, et, pendant un certain temps, la vie fut difficile; les voisins regardaient de mauvais œil les nouveaux venus ; mais ceux-ci, sans répondre aux calomnies, défrichaient et cultivaient leurs terres, se conduisant en tout d'une façon parfaite.

En 1807, ils adoptèrent le principe du célibat; sur les autres points ils vivaient comme tout le monde. Les Rappites cultivaient la musique, la peinture, la sculpture et d'autres arts libéraux; leur musée et leurs jardins passaient pour la merveille de la région.

En 1814, désirant un pays plus chaud et plus propice aux affaires, ils vendirent les terres qu'ils possédaient en Pennsylvanie, se rendirent en Indiana où ils fondèrent un nouveau village, qu'ils appelèrent également Harmony. L'œuvre prospéra et le chiffre des adhérents atteignit bientôt près d'un millier.

En 1824, souffrant de la malaria et mécontents de leurs voisins qui n'étaient pas commodes, les Rappites vendirent encore une fois leur domaine et retournèrent en Pennsylvanie, où ils bâtirent un troisième village qu'ils appelèrent Economy. C'est là qu'ils sont encore aujourd'hui et on les dit plusieurs fois millionnaires.

Les Rappites, on vient de le voir, avaient dépensé dix années dans l'Indiana, défrichant le sol, élevant les constructions de leur deuxième village, presque sans en retirer profit, puisqu'ils se déplacèrent à nouveau; mais leurs efforts, loin d'être perdus, servirent à préparer une grande expérience.

Le révérend Aaron Williams D. D., décrit ainsi les négociations et le transfert de la propriété :

« Quand les Rappites commencèrent à songer à leur retour en Pennsylvanie, ils chargèrent un nommé Richard Flower, sujet anglais et membre important d'un établissement voisin, de négocier la vente de leur domaine, lui offrant 5000 dollars s'il trouvait un acquéreur. Flower qui avait entendu parler de New-Lanark, partit pour l'Angleterre, fut trouver Robert Owen, lui proposa l'affaire et, après quelques négociations, le décida à accepter, sous réserve d'examen définitif, le village d'Harmony, avec ses terres, ses maisons, ses fabriques et manufactures, pour la somme totale de 150.000 dollars (750.000 francs). En consentant à céder leur village à ce prix, les Rappites faisaient un immense sacrifice, mais résolus à quitter le pays, ils n'hésitèrent pas. En cela ils firent preuve de décision et d'intelligence ; car ils avaient été décimés par les fièvres durant les dix ans de leurs travaux et de leur séjour dans l'Indiana. »

Nous n'avons aucun renseignement indiquant qu'Owen eût été mis au courant des mauvaises conditions hygiéniques de la localité.

XXIV

New Harmony

1825 à 1827

Robert Owen vint aux États-Unis, en décembre 1824, pour examiner l'établissement d'Harmony; il en conclut définitivement l'achat au commencement de l'été de l'année suivante.

Le village, situé sur un terrain plat, légèrement en pente vers la rivière, était bien bâti et pouvait abriter un millier d'habitants; ses rues larges étaient tracées à angle droit, comme dans la plupart des nouvelles villes américaines. Au centre, s'étendait un large square autour duquel s'élevaient des édifices en briques : église, écoles et autres monuments publics. Les puits étaient excellents; les fours publiques étaient construits à des distances convenables. Les fermes, les greniers, les fabriques étaient bien disposés et le clocher blanc qui surmontait la jolie église faisait très bien dans le paysage.

Le domaine bien boisé s'étendait sur les bords de la

Wabash, grande rivière qui verse ses eaux dans l'Illinois, à environ 30 milles plus bas. La propriété contenait 30.000 acres de terres (12.000 hectares) dont 3.000 environ cultivés par les Rappites ; 19 fermes détachées; 600 acres de terres améliorées, occupées par des fermiers; quelques beaux vergers et 18 acres de vignes en plein rapport. Il y avait là, réunies, les conditions matérielles indispensables au succès de l'expérience que se proposait Owen.

Une fois l'emplacement vendu à Robert Owen, les Rappites louèrent un bateau à vapeur et se rendirent, par détachements, à leur nouvelle et définitive résidence en Pennsylvanie, sur les bords de l'Ohio. Robert Owen, dans des conférences publiques, invita les gens *industrieux et de bonne volonté de toutes nations* à venir à New Harmony (ainsi que la localité fut alors désignée).

On peut trouver étrange ce procédé de recrutement, mais comment peupler le village? Il faut aussi réfléchir que ce mode d'opérer était général en Amérique; à chaque nouvelle ouverture de territoire, les gens envahissaient en foule le terrain désigné à cet effet, se constituaient en village, se faisaient incorporer par la législature de l'Etat, nommaient leurs administrateurs, leurs juges, leurs fonctionnaires, et, dans la plupart des cas, le pays désert la veille devenait le lendemain le siège d'établissements florissants. L'initiative privée était déjà si grande du temps d'Owen que celui-ci était en quelque sorte tenu de respecter et d'utiliser une coutume aussi largement répandue. Néanmoins, sentant bien qu'il avait besoin des meilleurs éléments, il faisait appel, comme nous venons de le dire, *aux hommes industrieux et de bonne volonté de toutes nations.* Malheureusement, ceux-là furent en très petite minorité.

On accourut d'un peu partout. Mais quelle population! Le plus grand nombre était des individus qui n'avaient pu se fixer nulle part; d'autres, se trouvant sans position et ayant ouï dire qu'il y avait là une ville toute bâtie à occuper, des terres défrichées à cultiver, entrevirent une bonne aubaine et se présentèrent sans hésitation ni regrets, s'offrant à faire n'importe quoi, n'importe comment. Ils savaient très bien que ne possédant rien, ils n'avaient rien à perdre.

Macdonald, disciple et grand admirateur d'Owen, qui visita plus tard New Harmony et s'y livra à une enquête approfondie sur les évènements dont l'endroit avait été le théâtre, dit « que le caractère de cette population fut aussi bon qu'il pouvait l'être *dans de telles circonstances*; » il donne le nom d'individus intelligents et bienveillants qui résidèrent à New Harmony en différentes fois; il signale aussi qu'il y eut des brebis galeuses dans le troupeau. « Certainement, » dit-il, « nombre de personnes oisives et nécessiteuses affluèrent à New Harmony pour profiter de l'offre libérale de M. Owen, et leur concours s'exerça bien plus dans la voie de la *destruction* que dans celle de la *construction.* »

Un exemple va montrer ce qu'était ce personnel : Sous l'influence d'Owen et avec l'appui des quelques bons éléments rassemblés là, la consommation des liqueurs alcooliques avait été prohibée dès les débuts de l'entreprise. Or, dans son enquête faite quinze ans après, Macdonald relate ceci : « J'étais un jour à la » tannerie où Squire B. et quelques autres causaient » autour du poêle. Au cours de la conversation, Squire B. » demanda s'il nous avait raconté comment il avait servi » le *vieil Owen* aux temps de la communauté. Il nous » informa alors qu'à l'époque où il était venu de l'Illinois » à New Harmony, un homme de l'Illinois étant son » débiteur, lui avait offert en paiement une barrique de » whisky. Ne pouvant obtenir de l'argent, Squire B. avait » pris le whisky. A son arrivée à New-Harmony, il ne sut » d'abord qu'en faire. Finalement, il le mit dans sa » cave et commença à en vendre en cachette.

» Owen s'aperçut bientôt que les gens obtenaient du
» whisky, mais il ne pouvait deviner comment. A la
» fin, il suspecta Squire B., vint le trouver dans sa
» boutique et l'en accusa directement. Squire B. avoua
» qu'il détaillait la boisson. « Je l'ai prise en acquit
» d'une dette, » dit-il, « comment faire autrement pour m'en
» débarrasser. » Owen lui tourna le dos, en disant ces
» simples mots : « Ah ! je vois bien que vous ne com-
» prenez rien aux principes. » La fin de l'histoire fut
» accueillie par un gros rire à l'adresse du *vieil Owen.*

» Je ne ris pas, « s'écrie Macdonald, » car je sentis que
» des hommes comme Squire B. n'entendaient réelle-
» ment rien aux principes, et que les échecs étaient
» infaillibles quand les gens engagés dans une entre-
» prise allaient eux-mêmes à la traverse des plus bien-
» veillants desseins.

» L'heure n'était pas sonnée pour l'association comme
» l'entendait Owen, quand le pays n'était encore qu'une
» *nation d'ivrognes* ainsi que c'était le cas en 1825. »

Owen était convaincu, nos lecteurs le savent déjà, qu'un milieu convenablement aménagé et des conditions libérales de vie étaient favorables au bon développement du caractère de l'homme ; mais il n'était pas sans appréhensions sur ce qu'on pourrait obtenir d'un groupe d'hommes ainsi rassemblés ; et il se demandait quelle forme de gouvernement raisonnable on pourrait leur offrir et leur faire accepter ? Plus d'un plan de gouvernement devrait être essayé sans doute. Il fallait en faire l'expérience.

Premier plan de Gouvernement. — Le 27 avril 1825, Owen réunit le peuple dans le Hall de New-Harmony et dit : « J'ai acheté cette propriété pour y introduire la pratique de vues nouvelles, mais comme il est impossible à des personnes élevées comme vous l'avez été de passer d'emblée d'un système irrationnel à un système rationnel, il vous faut, de toute nécessité, essayer pendant trois ans un terme moyen de gouvernement, afin de vous adapter aux besoins de la société future. »

On accepta donc une sorte de constitution provisoire sur laquelle nous n'avons aucun renseignement, si ce n'est qu'elle n'était pas pleinement communiste. Le nom de *Société préliminaire de New-Harmony* caractérisa ce temps de noviciat.

D'importantes affaires obligèrent alors Owen à retourner en Europe (il avait toujours des intérêts à New-Lanark). Pendant son absence, la Société fut dirigée par un Comité dit Comité préliminaire.

Que se passa-t-il pendant cette importante période ?

Un des membres permanents de la communauté, M. Samson, de Cincinnati, qui arriva à New-Harmony sur le bateau où prit place le dernier Rappite et qui resta jusqu'à la fin de l'entreprise, nous dit :

« Les Rappites n'eurent pas plutôt quitté la place que » celle-ci fut envahie par des étrangers venus de par- » tout. Owen était en Angleterre et la Société était admi- » nistrée par le Comité préliminaire. Dès qu'Owen fut » de retour et vit comment allaient les choses, il jugea » nécessaire de mettre un terme à cet envahissement » et fit savoir au public qu'il n'y avait plus de place à » New-Harmony pour recevoir de nouveaux membres. » Malgré cela, il en vint tellement, qu'à la fin Owen fut » contraint de jeter bas les cabines de bois dans les- » quelles ces gens s'abritaient. »

Pour la même période, Macdonald extrait de *New-Harmony Gazette* un compte-rendu malheureusement trop succinct ; rien n'est dit du travail agricole, il est simplement mentionné que diverses petites industries *marchent bien.*

Les seuls produits qui paraissent avoir dépasser les besoins de la consommation, sont le savon et la colle forte. On voit qu'un pharmacien délivrait gratuitement les médicaments, et que le magasin fournissait aux habitants tout ce qui leur était nécessaire. Macdonald ajoute : « Probablement aux frais de M. Owen. »

Il continue : « L'éducation était considérée comme service public et 130 enfants étaient instruits, nourris, vêtus sur les fonds publics, probablement les fonds de M. Owen.

» Les amusements florissaient, il y avait concert le vendredi et danses le mardi soir dans l'ancienne église des Rappites. Chose étrange dans un pays pacifique, cinq compagnies militaires recrutées dans l'établissement manœuvraient de temps en temps sur le square public. »

Entre le 27 avril 1825, jour d'inauguration du premier plan de gouvernèment, et le 12 janvier 1826, date du retour d'Owen, 8 mois 1/2 s'écoulèrent, la Société étant sous la direction du Comité préliminaire. Pendant ce temps, les immigrants arrivèrent en telle abondance que leur nombre s'éleva à 800 vers la mi-septembre et atteignit 900 en octobre. Il ne semble pas qu'un pareil envahissement ait facilité le succès de la Société, mais d'autres causes vinrent aussi en troubler le développement ultérieur aussitôt le retour d'Owen.

M. Samson, témoin oculaire que nous avons déjà cité, accuse un nommé Taylor d'avoir causé de graves désordres dès le début de l'entreprise. « Cet homme » dit-il, « s'insinua dans les bonnes grâces d'Owen pour le » tromper et le voler ensuite de mille manières.

« Taylor et Fauntleroy étaient les associés d'Owen ; » lorsque Owen eût découvert la friponnerie de Taylor, » il résolut de rompre l'association qui les liait. Mais » Taylor ne voulut y consentir qu'à la condition de rece» voir en compensation une grande étendue de terres » sur lesquelles il voulait, disait-il, établir lui-même une » Communauté. Le contrat stipulait que Taylor aurait les

» terres avec tout ce qui se trouverait dessus. La nuit
» précédant l'exécution du marché, Taylor fit conduire
» sur ces terres une grande quantité de bétail et d'ins-
» truments aratoires et en devint ainsi propriétaire.
» Puis, au lieu de fonder une Communauté, il bâtit une
» distillerie contrairément aux désirs et aux principes
« d'Owen. »

DEUXIÈME PLAN DE GOUVERNEMENT. — Nous reprenons la version de Macdonald :

« Peu après le retour d'Owen, les membres de la
» Société préliminaire se réunirent et constituèrent une
» nouvelle Société intitulée : *New Harmony community of*
» *equality*. Ainsi, en moins d'un an, au lieu de trois, la
» période transitoire avait épuisé la patience des mem-
» bres et il avait fallu inaugurer un nouveau plan de
» Gouvernement !

» Quelques-uns des sociétaires, en raison de divergence
» d'opinions, refusèrent de signer la nouvelle charte et
» constituèrent, sur le domaine d'Harmony, une seconde
» Société dont le siège était à environ deux milles de
» la première ; ils restèrent en relations amicales avec
» leurs anciens collègues. »

Le nouveau gouvernement institué par Owen devait être confié à un Conseil exécutif, toujours soumis à la direction de la Communauté. Six personnes furent nommées membres de ce Conseil.

Mais Macdonald nous dit que ce second plan de gouvernement fut impraticable et qu'un nouveau changement s'imposa.

TROISIÈME PLAN DE GOUVERNEMENT. — Les membres eux-mêmes, à l'unanimité, demandèrent à Owen de prendre, à lui seul, la direction des affaires ; ils jugeaient que sa grande expérience et son autorité incontestée le désignaient expressément comme le seul homme qui pût gouverner en de telles circonstances. Owen se rendit à leur désir et peu après, dit Macdonal, la satisfaction générale et le contentement individuel remplacèrent l'incertitude et la stagnation. Sous la direction infatigable d'Owen, l'ordre fut rétabli dans toutes les branches des affaires et la Société présenta une scène de travail actif et assidu. Les paresseux et les bavards qu'on voyait précédemment en groupes dans les rues disparurent, et chacun s'employa activement à l'occupation qu'il avait choisie.

Les réunions publiques ne furent plus des arènes bruyantes, où s'élevaient des discussions de toutes sortes, mais des assemblées d'affaires où l'on étudiait posément et où l'on adoptait des mesures intéressant le bien-être et le progrès de tous les membres de la Société.

Cet excellent état de choses ne put se soutenir. Le mois suivant, en avril 1826, des menées sourdes se produisirent au sujet de la propriété foncière qui était aux mains d'Owen et de ses associés. On commença à répandre l'opinion qu'il fallait diviser le domaine en propriétés privées ; d'autres personnes proposèrent de diviser la ville en plusieurs Sociétés. Owen ne voulut pas y consentir.

QUATRIÈME PLAN DE GOUVERNEMENT. — Alors, usant de son pouvoir et après un examen solennel, il choisit vingt-cinq personnes et en forma un noyau chargé d'admettre les autres membres ; mais il se réserva le droit de veto sur chaque nouvelle admission.

D'après ce nouveau plan, les sociétaires devaient comprendre trois catégories : 1° Les membres conditionnels ; 2° Les membres aspirants ; 3° Les personnes en observation. La Société devait être dirigée par Owen, jusqu'à ce que les deux tiers des membres se jugeassent en état de se gouverner eux-mêmes ; néanmoins, la direction d'Owen ne pouvait pas durer moins de douze mois.

Ces mesures n'arrêtèrent pas le travail de dissolution ; il est probable que l'action désastreuse de Taylor (l'entrepreneur de distillerie) et de ses pareils, ne fut pas étrangère aux difficultés et aux menées qui se produisirent en diverses circonstances ; quoiqu'il en soit, le mécontentement augmentait.

CINQUIÈME PLAN DE GOUVERNEMENT. — En mai 1826, une troisième Société se fonda sur le sol même de New-Harmony et la population se trouva divisée en trois groupes : 1° La Société dirigée par Owen ; 2° Celle appelée Macluria ; 3° Celle désignée sous le nom de *Feïba-Peven.*

Le 27 mai, l'immigration continuait si pressée qu'il devint nécessaire d'informer, à nouveau, les amis ou les prétendus amis de la cause de ne pas venir à New-Harmony, tant qu'on ne leur ferait un nouvel appel ; les arrangements étant insuffisants pour les recevoir.

SIXIÈME PLAN DE GOUVERNEMENT. — Le 30 mai, les troubles relatifs à la propriété foncière continuant et s'aggravant, toute la population fut réunie dans une grande assemblée et l'on décida la formation de quatre Sociétés séparées. Chacune devait organiser elle-même le gouvernement de ses affaires et signer son propre contrat pour les terres qu'elle pourrait acquérir. Ces Sociétés devaient commercer entre elles au moyen de papier-monnaie.

Owen, voyant à quel personnel il avait à faire, commençait à débattre sérieusement ses marchés avec les Sociétés indépendantes. Macdonal dit : « L'entreprise lui » avait coûté jusque-là beaucoup d'argent ; sans doute, » il voulait se garantir contre de nouvelles pertes. »

Le 4 juillet, Owen lança, dans le Hall public de New-Harmony, la célèbre déclaration d'indépendance mentale dont nous donnons les extraits suivants :

« Je le déclare maintenant, à vous et au monde,
» l'homme, sur toutes les parties de la terre, a été jusqu'à cette heure l'esclave d'une trinité de maux les plus monstrueux qui puissent être combinés, pour infliger la douleur physique et mentale à toute la race.

» Je veux dire : la propriété privée ou individuelle, le mariage fondé sur cette organisation de la propriété et les systèmes de religion absurdes ou irrationnels...

» Depuis près de quarante ans, j'ai lutté de toutes mes forces et sans trêve pour organiser le milieu social, de façon à nous mettre en mesure de donner le coup de mort à ces trois causes de tyrannie et ainsi de libérer l'humanité.

» L'heure de ce grand évènement n'est-elle pas venue ?
» Et la déclaration d'indépendance politique des Etats-Unis en 1776, n'appelle-t-elle pas, comme conséquence directe, à cinquante ans d'intervalle, la déclaration d'indépendance mentale ?

» Pour atteindre à ce grand but, nous préparons ici les conditions sociales qui permettront de donner à nos enfants des habitudes utiles et industrieuses, des vues larges et rationnelles, l'amour de la sincérité dans tous leurs actes, des sentiments de bonté et d'affection pour tous leurs frères en humanité.

» En agissant ainsi, en unissant nos intérêts jusque maintenant séparés, en remplaçant l'usage de la monnaie par l'échange de nos produits sur la base de travail contre travail égal, en utilisant notre surplus de richesse à nous perfectionner les uns les autres, en abandonnant l'usage des liqueurs alcooliques : nous atteindrons l'objet de tout sage gouvernement, le but visé par tout homme réellement éclairé......

» Si nous réussissons dans notre entreprise, nos principes, j'en ai la confiance, se répandront de Société à Société, d'Etat à Etat, de Continent à Continent, jusqu'à ce qu'ils embrassent toute la terre, répandant l'a-

» bondance, l'intelligence et le bonheur sur tous les fils » des hommes ! »

Après le discours d'Owen, il fut convenu, à l'unanimité, par l'assemblée que la population se réunirait trois fois par semaine dans un but d'éducation générale. Les réunions eurent lieu pendant quelques semaines ; puis, elles cessèrent, Owen étant tombé malade.

Septième plan de Gouvernement. — Pendant la maladie d'Owen, le gâchis atteignit son apogée. Le 25 août, le peuple tint une assemblée dans laquelle il abolit tous les chefs en fonctions et nomma trois dictateurs.

Huitième plan de Gouvernement. — Moins d'un mois après, (le 17 septembre) une grande Assemblée réunit la population tout entière, tous groupes compris, en vue de trouver un plan pour *améliorer la Société et rendre les gens contents !*

Owen probablement toujours malade n'assista pas à cette assemblée. Il envoya un message proposant, à tous ceux qui voudraient se joindre à lui, de former une Société en mettant leurs biens en commun, sauf à chacun de réserver ce qu'il considérerait comme nécessaire pour aider ses amis.

Cette Société devait être gouvernée par Owen et par quatre personnes choisies et désignées par lui, chaque année. Il était stipulé que ce huitième plan de Gouvernement ne serait pas modifiée pendant cinq ans.

Les organisations précédentes se trouvaient ainsi annulées.

Des dissentiments et des jalousies s'élevèrent, et comme le fait s'était déjà produit à chaque essai d'un plan nouveau, beaucoup de personnes quittèrent New-Harmony.

Tous les plans de gouvernement essayés jusque-là avaient donc échoué.

La Gazette de New-Harmony, en date du 1er novembre 1826, fait les réflexions suivantes :

« Dix-huit mois d'expérience nous ont prouvé que les » conditions requises pour des tentatives sociales comme » la nôtre, sont : 1° L'honnêteté d'intentions ; 2° La » tempérance ; 3° Le zèle au travail ; 4° La prévoyance ; » 5° La propreté ; 6° L'amour de l'instruction ; 7° La » conviction qu'une organisation sociale supérieure en- » traînera la supériorité de l'individu. »

Huit jours après, la même Gazette revient encore sur ce sujet, à l'occasion du départ d'un grand nombre de personnes. Le 11 du même mois, dans la même feuille, Owen cherche à interpréter avec bienveillance les faits qui se sont déroulés au cours des six mois précédents. Le calme semble se faire dans les esprits ; et nous voyons qu'en décembre 1826 l'usage des liqueurs alcooliques est encore une fois aboli.

En janvier 1827, bien que les choses présentassent une apparence d'ordre et de bien-être relatif, l'entreprise en tant qu'essai social touchait néanmoins à sa fin.

Owen vendait des lots de propriété et New-Harmony prenait peu à peu l'aspect que présentent les villes modernes américaines. Les commerçants, les industriels mettaient leur enseigne sur leur magasin et les caractères distinctifs de l'entreprise sociale disparaissaient pour faire place aux formes de la propriété individuelle.

Comment Owen fut-il poussé à une pareille détermination ? Macdonald nous dit :

« Il lui fallait des hommes à intentions droites et la » majorité se trouva malhonnête ; il avait besoin de gens » tempérants, les ivrognes abondèrent ; la paresse domi- » nait où il eut fallu l'amour du travail ; l'ordre, la pro- » preté, l'économie, ces vertus de première importance » dans une pareille entreprise, furent débordées par » leurs contraires. Jamais n'entra dans le cœur des

» membres cette conviction si essentielle à l'œuvre » poursuivie qu'une organisation sociale supérieure en- » traînerait la supériorité de l'individu. Du reste, l'amour » de la science et du progrès faisait défaut à la masse.

» Owen ne trouva donc pas dans l'ensemble les qua- » lités qui eussent dû prévaloir ; et il ne trouva pas » davantage de parents disposés à s'imposer des sacri- » fices pour élever leurs enfants au niveau social voulu. » Ainsi, les faits l'obligèrent à conclure ou que ses prin- » cipes étaient entièrement erronnés ou que leur appli- » cation ne serait possible que dans un avenir loin- » tain, puisque leur simple énonciation était déjà plus » que n'en pouvait accccepter le monde auquel il » s'adressait. »

Nous verrons comment Owen, à son lit de mort, con- firma ces paroles de Macdonald.

Revenons à notre histoire. Comme tentative sociale, le rôle de New-Harmony était alors terminé. Mais Owen y conserva son principal domicile, désirant que l'Améri- que devînt pour sa femme et ses enfants (quatre fils et une fille) une nouvelle patrie.

Rappelé en Europe après l'échec de New-Harmony, il laissa sa famille sur le domaine et, à partir de ce mo- ment, fut tantôt en Angleterre, tantôt en Amérique, selon les besoins de la propagande, ne cessant de semer la bonne parole, afin d'amener les gens à la hau- teur morale voulue pour le succès d'entreprises comme celles qu'il avait tentées. .

Pour conclure, nous emprunterons à Humphrey Noyes l'auteur de *History of American Socialisms*, cette citation :

« La méthode employée par Owen pour rassembler le » personnel de l'association nous apparait comme la plus » évidente des causes externes de l'échec..... Inviter » publiquement *les gens industrieux et de bonne volonté*

» *de toutes nations* à venir prendre possession de 30.000
» acres de terre et d'un village tout bâti, en laissant
» chacun juge de sa propre capacité et de ses bonnes
» intentions, assurait certainement un prompt rassem-
» blement mais aussi une prompte dispersion.....

» Les Sociétés par actions se forment bien par des
» appels au public et ce système suffit pour constituer
» des banques, des mines ou des chemins de fer, etc.,
» parce que ces entreprises ne réclament que l'esprit
» des affaires chez les intéressés ; mais, il en est tout
» autrement des associations qui réunissent à la fois
» les capitaux et les hommes.

» Les théoriciens socialistes affirment que de telles
» associations sont un progrès sur le monde civilisé. Si
» cela est vrai, il est vrai également que ce sont les
» esprits les plus élevés parmi les civilisés qui doivent
» être les éléments de ces entreprises.

» Un examen, un choix, est donc indispensable pour
» admettre à l'œuvre les vrais capacités et en écarter
» les individus qui ne pourraient être que des causes
» de troubles et d'empêchement. »

Holyoake, le célèbre historien de *La Coopération en Angleterre,* appuie de sa grande autorité en matière sociale cet avis de Humphrey Noyes :

A propos du mode de recrutement suivi par Owen à New-Harmony, Holyoake dit : « Tous ceux qui vin-
» rent au début furent acceptés, exactement comme si
» le monde nouveau pouvait s'organiser avec des fai-
» seurs ou des agioteurs.

» Ainsi qu'on devait s'y attendre, les hommes de bon
» sens furent submergés sous une masse d'aventuriers,
» parmi lesquels, selon les paroles de Horace Greeley,
» dominaient les sournois, les fourbes, les égoïstes, les
» esprits forts, les turbulents, les batailleurs, les incom-
» pris, enfin les *propre à rien* qui, ne pouvant se faire

» place dans le monde tel qu'il est, en concluent préci» pitamment qu'ils sont exactement qualifiés pour le » monde tel qu'il devrait être. »

Ces leçons de l'expérience s'imposèrent à Owen au cours de ses tentatives, comme elles s'imposeront à tout esprit qui fera l'étude du même sujet. Aussi, à partir de l'époque où nous voici arrivés, verrons-nous les efforts du novateur se porter jusqu'à la fin de sa carrière, principalement sur les mesures générales propres à élever le niveau intellectuel et moral du peuple dans son ensemble. Cultiver l'homme, *lui donner un haut idéal de la vie, lui apparut de plus en plus comme la condition première, comme le point fondamental de toute évolution sociale.*

XXV

Yellow Springs et autres tentatives dues à l'influence des idées d'Owen. 1825 à 1828.

A l'époque où Robert Owen vint en Amérique pour examiner le marché qui lui était proposé dans l'Indiana et acheter Harmony aux Rappites (1824), il passa à Cincinati et y trouva un groupe de Swedenborgiens, qui se montrèrent très sympathiques à ses projets.

Macdonald nous fournit, à ce sujet, les renseignements suivants : « Ces gens, hommes et femmes, la » plupart riches et érudits, étaient d'un grand mérite » intellectuel et moral. Ils constituaient les plus précieux » éléments d'une fondation comme celle que Robert » Owen préconisait alors.

» Le novateur leur exposa ses plans pour l'établisse» ment d'une association comprenant : fermes modèles, » jardins, vignobles, vergers, promenades, etc. Les Swe-

» denborgiens, ayant à leur tête Daniel Roë, ministre » de la nouvelle Eglise, s'enthousiasmèrent et, de con- » cert avec d'autres adhérents de Cincinnati, ils réuni- » rent les fonds nécessaires pour s'installer sur un » domaine approprié au but poursuivi.

» Après soigneux examen, ils résolurent de se fixer » à Yellow Springs, à environ 75 milles au nord de Cin- » cinnati. C'était un des plus beaux sites du pays et » tout à fait digne d'être la résidence de gens résolus » a se consacrer à la réforme morale et sociale.

» L'association comptait une centaine de familles, com- » posées d'industriels, de professeurs, de commerçants, » d'ingénieurs, de fermiers et de quelques ouvriers.

» La propriété devait passer indéfiniment des mains des » acquéreurs, membres de la société, à des successeurs » désignés par le suffrage des sociétaires.

» Toute propriété additionnelle échéant aux membres » par travail, achat ou autrement, devait entrer dans le » fonds commun et bénéficier à chacun et à tous.

« Il fut décidé qu'on établirait des écoles pour ensei- » gner toutes choses utiles, sauf la religion, la liberté » de conscience et de pensée devant être absolue.

» Le bien de la communauté entière était considéré » comme le critérium de la morale.

» Le dimanche devait être un jour de repos et d'amu- » sements, consacré aux promenades à pied ou en voi- » ture, à des jeux, à des exercices récréatifs, à des » conférences publiques.

» On regardait la danse comme un des plus précieux » moyens de culture physique et sociale ; des quilles » et autres jeux devaient être mis à la disposition de » tous.

» La société commença sous les plus favorables aus- » pices, et tout marcha bien durant les premières semai- » nes. Se rendre utile semblait être la préoccupation de » chacun des membres. Des hommes qui jusque-là

» n'avaient jamais travaillé de leurs mains, se livraient » aux opérations agricoles ou industrielles, si non avec » habileté, du moins avec un zèle recommandable.

» Les ministres de l'Evangile conduisaient la charrue et » mettaient toute leur attention à guider leurs attelages.

» Les commerçants échangeaient le mètre pour la four- » che et le rateau. Tous, enfin, paraissaient travailler avec » la plus grande ardeur en vue du bien commun.

» Parmi les femmes, le sacrifice et le dévouement » n'étaient pas moins remarquables. De grandes dames » qui n'avaient jamais mis les pieds à la cuisine, net- » toyaient elles-mêmes les plats et la vaisselle ; tandis » que de jeunes et élégantes demoiselles, qui avaient » été toute leur vie servies pour les moindres choses, » faisaient à leur tour le service des tables.

» Plusieurs fois par semaine, un bal réunissait toute » la population.

» Malgré la générosité et la cordialité de ces heureux » débuts, ce fut dans l'atmosphère même de la com- » munauté que s'éleva le premier nuage.

» L'amour-propre est un démon qui ne se laisse pas » facilement exorciser. Il souffla tout bas aux filles qui » avaient occupé, dans la société ordinaire, des fonctions » très humbles : « Vous valez autant que vos nouvelles » compagnes, les ex-privilégiées de la fortune; insistez » sur cette égalité. » Aux favorites de l'ancienne société, » il rappela les supériorités de position et les avanta- » ges perdus; et, chez les unes comme chez les autres, » en dépit de tous les règlements, les sentiments inti- » mes se firent jour dans les paroles et dans les actions.

» Les hommes passèrent par les mêmes phases et bien » que leurs sentiments fussent plus lents à se mani- » fester, ils n'en étaient ni moins vifs ni moins pro- » fonds.

» Inutile d'entrer dans les détails. Qu'il suffise de dire » qu'à la fin de trois mois — trois mois ! — les chefs

» de la société furent forcés de s'avouer les uns aux autres » que la vie sociale était impossible, si l'on demeurait » en un seul groupe. En conséquence, ils aquiescèrent, » quoiqu'à regret pour le principe de l'égalité sociale, à » la division de la Société en plusieurs petits groupes. » Ils espéraient encore qu'au moins le principe de la » communauté de propriété se trouverait justifiée par » la pratique.

» Mais hélas ! que la loi du tien et du mien soit chez » l'homme accidentelle ou fondamentale, elle exerça bien- » tôt son empire. Les ouvriers assidus, habiles, forts, » qui voyaient les produits de leur labeur profiter aux » indolents, aux maladroits, aux négligents, s'irritèrent » de cet abus et leur bienveillance sociale en fut enta- » mée.

» Les musiciens prétendaient que leur harmonie cui- » vrée était aussi indispensable au bonheur commun » que la nourriture journalière et, en conséquence, refu- » saient d'aller travailler aux champs ou à l'atelier. Un » conférencier affirmait que son travail à lui était de » discourir, et non de s'exercer manuellement.

» Des mécaniciens dont l'œuvre d'un seul jour ajou- » tait au fonds commun la valeur de deux dollars, » disaient qu'en bonne justice ils devraient travailler » moitié moins de temps que les agriculteurs, puisque » la journée entière de ceux-ci n'ajoutait qu'un dollar à » la richesse commune.

» Ces divisions s'affirmèrent de plus en plus et avant » la fin de la première année, elles renvoyèrent les mem- » bres de Yellow Springs à la civilisation égoïste d'où ils » étaient venus. Ils partirent emportant la conviction » qu'une association basée sur l'égalité sociale et la » communauté de propriété était impossible. »

***

De 1825 à 1828, la propagande des idées d'Owen avait été si active et l'influence du novateur si considérable que onze sociétés se fondèrent aux Etats-Unis en vue d'appliquer les principes d'Owen.

Les deux premières associations que nous avons décrites furent les plus importantes ; les neuf autres disposèrent de moins de ressources et durèrent peu de temps. Humphrey Noyes en donne les noms et de courtes notices, dans son *History of american socialisms 1872.*

Pendant la même période une association fut fondée aussi à Orbiston, en Ecosse. Mais elle n'eut pas plus de succès que celles tentées aux Etats-Unis.

Le mouvement provoqué par Robert Owen eut son écho jusqu'au Mexique. En 1828, des relations s'établirent entre le novateur et M. Rocafuerti, ministre de la République mexicaine. Owen eut même une entrevue avec le Président de la République du Mexique.

Le Président offrit à Owen le gouvernement d'un grand territoire sur les confins du Mexique et des Etats-Unis. Mais une difficulté pratique se présentait : la religion catholique était religion d'Etat au Mexique et obligatoire chez les titulaires de postes comme celui offert à Owen. Celui-ci en fit la remarque au Président qui répondit : « Je m'attendais à cette objection de votre part, mais une loi va être présentée au prochain Congrès pour doter le Mexique de la liberté de conscience comme elle existe dans les Etats du Nord de l'Amérique. »

Owen déclara alors que, si la loi passait, il accepterait la proposition du gouvernement mexicain. La loi ne fut pas adoptée par le Congrès et, conséquemment, aucune suite ne fut donnée à la proposition.

XXVI

Magasins d'échange de travail à Londres, 1832-1834

En 1829, nous retrouvons Owen en Angleterre, cherchant toujours le moyen de mettre fin aux misères dont les classes ouvrières présentaient le lugubre tableau.

Sa conviction était que l'on possédait ou que l'on possèderait quand on voudrait une somme de richesses dépassant largement les besoins des populations. Le problème n'était donc pas pour lui de régler la population sur la somme des ressources, mais bien de répartir équitablement les ressources parmi la population.

Se débarrasser des gens par l'émigration ; les envoyer aux Etats-Unis, au Canada, en Australie, ne lui semblait une solution que si l'on avait pu considérer l'être humain comme une marchandise dont le mode de transport était seul à examiner ; mais tel n'était pas le cas. Les passions, les affections, les intérêts, les préjugés humains compliquaient la question de la façon la plus sérieuse, et empêchaient de regarder l'émigration comme une solution satisfaisante.

Il se demandait : Comment garder paisiblement le peuple sur le sol national, l'occuper d'une façon productive et répartir les richesses entre les agents producteurs, de manière à assurer aux travailleurs le nécessaire ou le bien-être ?

A ses yeux, l'or, l'argent étaient des types artificiels de représentation de la valeur ; le type naturel, le seul vrai en principe, était pour lui le travail humain ou les forces mentales et manuelles traduites en actes.

Adam Smith prend le même point de départ dans son ouvrage : *La richesse des nations.* Il dit :

« Le travail annuel de chaque pays est le fond qui, originellement, pourvoit à toutes les nécessités, fournit toutes les ressources de la vie.

» Les éléments du bien-être sont toujours ou le produit immédiat du travail accompli dans la société même, ou le produit indirect de ce travail par voie d'échange avec les fruits des autres nations.

» En conséquence, selon que le produit d'un pays ou ce qui est acheté au dehors au moyen de ce produit, doit satisfaire aux besoins d'un nombre plus ou moins grand de consommateurs, la nation sera plus ou moins abondamment pourvue des choses nécessaires à sa subsistance. »

Partant de cette idée, il était évident que maintenir dans l'inaction une portion des membres de la société en état de produire, c'était faire tort à la société toute entière, puisque celle-ci est, en fin de compte, obligée d'entretenir ces membres inutiles au lieu de tirer d'eux un produit avantageux.

Les économistes politiques parlaient de la baisse de la demande, des conditions défavorables des marchés; mais Owen disait : Si le travail est le créateur de la richesse, pourquoi tant d'hommes restent-ils sans rien faire, tout en ayant la force et la volonté de travailler ? Et n'est-il pas évident que si cette foule d'oisifs se procurait des ressources par le travail, la consommation s'activerait, fournissant ainsi à la production un plus grand débouché.

A cette époque une foule de gens qui s'étaient jusque-là procuré le nécessaire par un travail excessivement pénible arrivaient à la conviction que le logement, la nourriture, le vêtement, tels que les donnaient les refuges publics (Workhouses) étaient préférables en qualité et quantité à ce qu'ils pouvaient obtenir par leur travail. Sous l'influence de ce sentiment, le paupérisme s'accroissait rapidement, la démoralisation s'étendait, le gouvernement et les autorités locales ne savaient que faire pour prévenir les complications et écarter les dangers que pouvait entraîner un pareil état de choses.

Ces faits se passaient vers 1832-1834. Robert Owen publiait alors, à Londres, en collaboration avec son fils Robert Dale-Owen, un journal intitulé *The Crisis*. Ce fut dans cette feuille que le novateur proposa et développa son système d'échange de travail, qu'il regardait comme un moyen transitoire propre à conduire les classes nécessiteuses vers une condition sociale supérieure, entourée de plus de garanties et de plus de sécurité.

La première notice concernant l'échange de travail publié par *The Crisis*, était rédigée comme suit :

AVIS AU PUBLIC

Echange équitable de travail, institution pour les classes laborieuses, Gray's Inn Road, King's Cross.

Agriculteurs, jardiniers, manufacturiers, négociants, facteurs, magasiniers, marchands en gros et en détail de toutes catégories, mécaniciens et tous autres qui désirez échanger des produits ou des marchandises de la seule manière équitable possible, savoir : travail contre travail équivalent et sans recours à l'argent ; vous êtes invités à transmettre vos noms et adresses avec la description de l'objet que vous désirez échanger au secrétaire de l'institution, M. Samuel Austin, qui vous donnera tous les renseignements désirables.

Toutes les lettres doivent être adressées, port payé, à M. Robert Owen.

Le novateur avait déjà en 1820 exposé cette idée dans un rapport présenté au comté de Lanark ; il l'avait encore reproduite dans un rapport publié à Dublin en 1823, mais la chose n'avait pas eu de suite.

Le premier magasin d'échange de travail en Angleterre fut établi à Gray's inn Road, Londres. Le bâtiment dans lequel on opérait était très grand et très convenable. Le propriétaire, qui, à ce moment, n'en avait nul emploi, en avait offert gratuitement l'usage se disant entraîné par l'idée, mais dès qu'il v.t le rapide succès de l'entreprise, son désintéressement s'évanouit; il en réclama un loyer exorbitant et, finalement, en reprit possession violemment espérant continuer l'affaire à son propre profit.

Les initiateurs furent donc obligés d'abandonner le local et allèrent s'établir à Charlotte Street, Fitzroy Square.

Les opérations prirent dès le début une activité des plus encourageantes, on faisait par semaine plus de 25.000 francs d'affaires. Un exemple va nous montrer comment on opérait : Un cordonnier qui avait confectionné une paire de souliers lui coûtant 4 fr. 35 de matières premières et 7 heures de travail, portait son produit au Magasin d'échange. Le chef du Magasin recevait l'objet, en évaluait les matières premières, comptait à 60 centimes l'heure le temps employé à confectionner la chaussure, puis totalisait les sommes soit :

Matières premières	4 fr. 35
7 heures de travail à 0 fr. 60..	4 fr. 20
Total.......	8 fr. 55

la paire de chaussures ou la valeur d'environ 14 heures de travail.

En échange de la paire de souliers, l'ouvrier recevait donc quatorze billets de travail, représentant chacun la valeur d'une heure de travail, soit 60 centimes. Avec ces billets, il pouvait se procurer, dans les magasins d'échange de travail, (car il y en eût bientôt plusieurs) soit de la matière première pour continuer sa fabrication; soit des vêtements ou de la nourriture pour sa famille.

Les travailleurs pouvant ainsi échanger leurs produits variés, personne n'était plus condamné à rester oisif.

Les articles portaient le nom du fabricant, et étaient établis avec une supériorité qui dépassait les espérances des fondateurs. Tous les objets déposés étaient mis en vente à leur prix d'évaluation, avec adjonction distincte de 8 1/2 pour 0/0 pour frais de transaction.

La fraude, la falsification, l'exploitation n'avaient aucune raison apparente de se produire. Les opérations étaient simples et claires. Aussi, à mesure que le système fut compris, le peuple afflua d'un bout à l'autre de Londres dans le Magasin d'échange; et, bientôt, neuf Magasins organisés sur le modèle du premier, s'élevèrent dans divers quartiers de la capitale. (Il s'en fonda aussi dans différentes villes.)

Au cours de ces circonstances, trois cents négociants ordinaires, excités par l'esprit de rivalité, annoncèrent bruyamment dans Londres, par affiches, qu'ils adoptaint le système inauguré par Owen et recevraient les billets de travail en échange de leurs marchandises. Se trouvant bientôt nantis de billets de travail, ces négociants se présentèrent dans les Magasins d'échange et se procurèrent, contre la remise des billets, les marchandises qu'ils jugèrent d'un écoulement facile et assuré.

On devine ce qui arriva; car, ce que faisaient là les commerçants était pratiqué aussi par d'autres acheteurs. En peu de temps, les Magasins d'échange se trouvèrent encombrés de produits de rebut ou d'un écoulement difficile. Alors les négociants de Londres refusèrent les billets de travail ou ne les acceptèrent plus qu'avec une forte dépréciation; ce qui jeta la défaveur sur le nouveau système.

Holyoake apprécie la situation en ces termes : « Déposer dans les magasins des articles quelconques, souvent peu vendables, et recevoir en échange des billets de travail qu'on pouvait transformer sur place en articles courant et de première nécessité, est une pratique qui devait conduire inévitablement et qui conduisit à dépouiller les magasins de leurs plus précieuses denrées, et à remplacer celles-ci par des non-valeurs. »

L'engouement de la première heure diminua donc rapidement, et en peu de temps tous les Magasins d'échange de travail sombrèrent.

Nous ne pensons pas que le mouvement ait été exactement conduit selon les désirs d'Owen, ni que le système employé pour évaluer le prix de vente des objets déposés, en prenant : 1° la valeur des matières premières ; 2° le temps à 60 centimes l'heure comme facteur de la valeur, ait été pratiquement ce qu'Owen voulait réaliser; car nous voyons qu'il recommandait toujours de prendre des hommes habiles comme directeurs de magasin et nous savons qu'au moment de la fondation du grand magasin de Birmingham, (qui eut lieu aussitôt après l'inauguration du système à Londres), Owen recommandait expressément M. Wood comme directeur de ce magasin. Or, M. Wood soutenait qu'il ne fallait pas prendre pour ces genres de travaux des hommes imbus de l'idée que compter le temps à 60 centimes l'heure était mesurer exactement la valeur, mais qu'il fallait des hommes intègres et capables d'apprécier promptement le prix d'une marchandise en raison des cours de la place. Owen était trop expérimenté pour ne pas apprécier toute l'importance de cette opinion de Wood.

Les magasins d'échange de travail n'étant considérés par Owen que comme un des moyens d'arriver au but qu'il poursuivait : l'amélioration du sort du peuple, leur échec ne ralentit en rien l'ardeur du novateur. Il attribua l'insuccès à des erreurs de méthode et se remit à l'œuvre avec la pleine assurance que les maux dont la société est encombrée peuvent être vaincus par des voies diverses, qu'on en triomphera certainement un jour et qu'il est du devoir de tout homme de chercher sans cesse à les diminuer.

***

Avant de quitter les magasins d'échange de travail, signalons un trait curieux d'un magasin de ce genre ouvert à New-Harmony, Etats-Unis, par Josiah Warren.

Un grand cadran se trouvait bien en vue dans le magasin. Quand un acheteur se présentait, l'employé préposé à la vente regardait l'heure, la signalait au client, en prenait note et les pourparlers s'engageaient pour la vente de la marchandise.

Le marché conclu, on ajoutait à la valeur de l'objet le montant du temps dépensé dans ces pourparlers. C'était une manière originale de faire entrer le temps dans les éléments qui constituent le prix de vente; et ce serait peut-être un moyen efficace, s'il était généralisé, pour se débarrasser des exigences des personnes qui, dans les grandes villes, sont la terreur des employés des grands magasins de nouveautés.

Elles y promènent, dit-on, leur oisiveté et leur curiosité, faisant déplier des piles d'étoffes, sans intention d'acheter, mais considérant leurs visites quotidiennes comme une simple partie de plaisir.

XXVII

Propagande par la presse et la parole. Agitation publique en Angleterre. 1835 à 1840.

En 1835, Owen publia, à Londres, un journal intitulé *Le Nouveau monde moral*, où l'on trouve à chaque page le témoignage de l'activité avec laquelle était poussé le mouvement social.

Le 11 août 1835, il provoqua à Londres un meeting pour rechercher les moyens de répandre l'instruction et fournir une utile occupation à tous les individus incapables de se procurer du travail. La séance était présidée par lord Dudley Stewart; on nomma un comité d'étude, mais on ne put obtenir les fonds nécessaires et rien de pratique ne fut réalisé.

De 1835 à 1840, Owen donna des conférences en diverses villes; Manchester fut le centre de l'agitation socialiste. Les salles de conférences y étaient encombrées d'auditeurs; rien de pareil ne s'était vu jusque-là. Bientôt on loua pour trois ans une salle pouvant contenir 3,000 personnes. Les partisans de ces réunions s'organisèrent en une société intitulée: *Association de toutes les classes et de toutes les nations*, titre exprimant que la société était ouverte à tous sans distinction de croyances ni de nationalités.

Les membres de cette Association étaient généralement les meilleurs éléments de la classe · ouvrière et quelques penseurs courageux appartenant aux classes moyennes et commerçantes. On ne tirait aucun avantage personnel immédiat à faire partie de cette société, au contraire, puisqu'on devait payer une cotisation hebdomadaire et concourir à des essais qui entraînaient des efforts et de la dépense.

Au bout de peu de temps, des lieux de réunions furent ouverts dans chaque ville et village; des conférences et des discussions furent organisées partout et les esprits se trouvèrent vivement entraînés dans le mouvement.

L'association s'organisait solidement; des corps de musiciens et de chanteurs furent constitués, et, pour donner aux assemblées du dimanche, un aspect en harmonie avec les coutumes du pays, on commençait par chanter un hymne, puis l'orateur prononçait son discours; la discussion avait lieu ensuite; un chant terminait la réunion et l'assemblée se séparait. Toute marque d'approbation ou de désapprobation était proscrite.

Les gens des districts environnants affluaient le dimanche aux assemblées de Manchester et de Salford. Pendant la semaine ces gens tenaient chez eux de petites réunions où se rendaient les orateurs de Manchester. Le résultat fut que des jeunes gens actifs et habiles trouvèrent ainsi l'occasion de concevoir, d'émettre et de propager des idées et des opinions qu'ils n'eussent jamais eues sans cela.

On protèstait surtout contre l'ignorance du peuple, source de tant de vices; contre l'ivrognerie, les blasphèmes, les combats d'hommes, les combats de chiens, en un mot, contre les violences de tous genres. La réprobation était unanime contre les propriétaires des fabriques qui ne prenaient aucun souci de l'éducation du peuple. Les ministres de la religion d'Etat étaient tous blâmés de ce qu'ils ne formulaient aucune protestation au sein d'une société plongée dans un état d'ignorance et de dépravation contre lequel le premier devoir de ces ministres eut été de s'élever.

Peut-être cette année, 1836, fut-elle la plus ardente de toute la période socialiste inaugurée par Owen en 1816 et qui s'étendit jusqu'en 1846.

Comme beaucoup d'autres hommes, Owen parlait mieux qu'il n'écrivait. Sa voix puissante, son geste plein de noblesse, faisaient de lui sur la plateforme publique un acteur incomparable. Son activité était prodigieuse. Il donnait à cette époque deux séries de conférences à Manchester : la première avait lieu le matin à 11 heures, elle était destinée aux personnes ayant des loisirs; l'auditoire était généralement peu nombreux. La seconde série avait lieu à 8 heures du soir; l'auditoire était composé surtout de travailleurs; la salle était toujours comble.

Quelques faits vont donner un exemple de cette activité. Le 10 juillet 1838, Owen, alors âgé de 67 ans, se rendit de Londres à Wisbeach. Les trois soirées suivantes, il donna des conférences à Lynn; les 13 et 14, il parla à Peterborough; le 15, il parlait de nouveau à Wisbeach et le lendemain encore de nouveau à Peterborough; d'où, après une discussion qui dura jusqu'à minuit, il partit en voiture ouverte avec James Hill, l'éditeur du journal *Star in the East (L'Etoile de l'Orient)*, et n'arriva à Wisbeach qu'à 2 heures 1/2 du matin. Levé à 5 heures, il repartait pour Lynn et y prenait à 8 heures la voiture pour Norwich, après avoir vu la députation de Yarmouth. Il donna des conférences à St-Andrew's Hall le soir même et la nuit suivante, et les cinq soirées d'après il parla successivement à March, Wisbeach et Boston.

L'extrême activité d'Owen fut la principale cause du développement de l'agitation sociale en Angleterre et en Amérique. Un auteur français, (1) qu'on ne saurait accuser de partialité en faveur d'Owen, nous dit à propos de l'activité du novateur :

« Ce ne serait pas s'éloigner de la vérité que d'évaluer la somme des efforts tentés par lui, de 1826 à 1837, à mille discours prononcés en public, cinq cents adresses à diverses classes, deux mille articles de journaux, et deux ou trois cents voyages.

» Quant il s'agissait de sa doctrine, jamais rien ne le retenait : ni la dépense, ni le soin de sa santé, ni un plaisir, ni une affaire. Il fut avant tout l'homme d'une idée; la controverse ne pouvait ni le rebuter, ni le lasser; il écoutait tout avec patience et répondait à tout avec douceur. »

Le mouvement considérable suscité et entretenu par Owen et ses disciples dans les districts manufacturiers

(1) Louis Reybaud. *Etudes sur les réformateurs.*

du nord de l'Angleterre — inquiéta bientôt les classes dirigeantes. L'opposition s'organisa; les ministres de tous les cultes s'y employèrent activement.

Le plus redoutable des opposants fut Henry, évêque d'Exeter, membre de la Chambre des Lords. Son premier acte d'hostilité fut de présenter, le 24 février 1840, à la Chambre des Lords, une pétition signée de 4,000 individus : ecclésiastiques, banquiers, commerçants, manufacturiers, et autres habitants de Birmingham, faisant ressortir les maux du socialisme et demandant que des mesures fussent prises pour en arrêter les progrès. Le discours prononcé par l'évêque pour soutenir cette pétition fut long, diffus, plein de fausses allégations et de récits aussi mensongers que terrifiants.

Lord Brougham répondit à l'évêque et défendit Robert Owen. Il le fit d'après ses observations personnelles, et affirma à la Chambre n'avoir jamais jusque-là entendu le moindre mot des charges outrageantes relevées contre les socialistes, par l'évêque d'Exeter.

Les socialistes pétitionnèrent à leur tour pour obtenir une enquête sur les questions controversées, mais la Chambre ne se rendit pas à leur désir.

Robert Owen répondit aux accusations de l'évêque, par le dépôt d'un mémoire où, reprenant une à une les accusations lancées, il en releva les points erronés. Après un bref exposé de ses travaux et l'exposition de ses principes, Owen arrivant aux menaces faites contre les socialistes s'écrie : « Je suis le fondateur et le propagateur de ces doctrines et seul responsable par conséquent des erreurs, de l'immoralité et des blasphèmes que vous prétendez y trouver. Il n'y a donc à persécuter et à punir d'autres coupables que moi.

» Dès le début de ma carrière, quand je n'avais personne pour me soutenir, je me suis placé pour la seule défense de la vérité en opposition avec les préjugés les plus enracinés des siècles passés; j'étais dès

» lors résolu à supporter les persécutions inévitables, » les amendes, l'emprisonnement, la mort même. De » telles perspectives n'arrêtent point un homme quand » il est fortement imbu du désir incessant de travailler » au bien de l'humanité.

» Au lieu de rencontrer les amendes, l'emprisonne- » ment et la mort, j'ai été un des favoris de la desti- » née; j'ai vécu heureux et sans faste dans mon inté- » rieur. A New-Lanark, en Ecosse, comme à New-Har- » mony, en Amérique, ma famille a été heureuse entre » les heureuses.

» Il est exact que j'ai toujours dépensé jusqu'au der- » nier shilling de mon superflu pour le progrès de la » grande et sainte cause du socialisme, car l'argent était » indispensable pour aider le mouvement. Mais le révé- » rend Prélat est dans une erreur complète quand il » affirme que j'ai dépensé mon bien dans les prodiga- » lités et le luxe. Jamais une seule livre sterling n'a été » ainsi dépensée pour ma satisfaction personnelle. Mes » habitudes sont celles de la tempérance en toutes cho- » ses; je mets au défi le révérend Prélat et ses témoins » de prouver le contraire, et m'offre à leur fournir les » moyens de contrôler mes actes pendant tout le cours » de mon existence.

» Ceci dit, je ne m'inquiète en rien de ce qui sera » allégué à mon sujet, en dedans ou en dehors du Par- » lement. Ma vie est la meilleure réponse à toutes les » faussetés que l'on peut lancer contre moi. Ma popu- » larité présente me pèse et quant à la gloire à venir » je la tiens pour chose vaine et bonne tout au plus à » causer une satisfaction personnelle à mes descendants. » Je suis heureux en ce monde, je serai heureux » dans la mort, et par conséquent indépendant de notre » société vieillie, usée, immorale et irrationnelle. »

L'opposition organisée contre les socialistes se fit sentir pendant plusieurs années; mais de son côté le progrès des idées socialistes fut très actif dans cette période. De vastes halls furent érigés à Manchester pour servir de lieux de conférences; on construisit même une espèce de cathédrale qui, depuis, a été rachetée par la ville et sert aujourd'hui de bibliothèque communale.

Quelques-unes de ces assemblées donnèrent lieu à des scènes assez graves par suite des mauvais procédés et de la violence des adversaires du socialisme.

Robert Owen et ses adeptes furent parfois assaillis à coups de pierres; on leur jeta de la boue; on menaça même de brûler les salles de réunions à Manchester et dans quelques autres villes, mais les socialistes demeurèrent unis, versant régulièrement leurs cotisations hebdomadaires qui permettaient de soutenir le mouvement. Leur but était de démontrer la praticabilité de leurs principes et de trouver les fonds nécessaires pour en tenter une expérience.

XXVIII

Fondation de Queenwood par the Friendly Society 1840 à 1846

Dans le sein même de « l'Association de toutes classes et de toutes nations » dont nous avons déjà parlé, s'était constituée une autre société appelée : « *Community friendly society.* » L'objet spécial de cette dernière était sur tout la réalisation de choses dont les membres pussent bénéficier. La *Friendly society* se préoccupait peu de propagande et de polémique. Ce fut elle qui, en 1840, loua, pour 99 ans, dans le comté de Hamps, un vaste domaine comprenant 214 hectares répartis entre deux fermes dont une nommée Queenwood, d'où vint le nom de l'expérience sociale tentée en cet endroit.

Les fondateurs se proposaient de voir si les travaux des champs, ceux des ateliers, ceux de l'enseignement pouvaient être unis et conduits scientifiquement sous une même administration, et si l'on pourrait répartir les bénéfices avec une telle équité qu'on n'eût plus à craindre, comme dans la société ordinaire, de voir côte à côte une excessive richesse et une excessive pauvreté.

Robert Owen s'élevait de toutes ses forces contre cette tentative qu'il jugeait prématurée ; mais the Friendly society passa outre et commença une expérience qui n'eut que quelques années de durée. C'est donc à tort qu'on a essayé de rendre Owen responsable de l'échec d'une entreprise qu'il n'avait cessé de déconseiller.

XXIX

Action pacificatrice d'Owen entre les gouvernements d'Angleterre et des États-Unis. 1846.

En 1846, de sérieux malentendus se produisirent entre la Grande-Bretagne et les Etats-Unis.

Une guerre était à craindre et Robert Owen en était d'autant plus profondément ému qu'elle menaçait d'éclater entre les deux peuples dont l'entente lui tenait le plus au cœur.

Il avait une profonde horreur de la guerre ; et il connaissait assez le monde pour comprendre que les hommes d'Etat, tout en protestant de leurs intentions pacifiques, font néanmoins la guerre toutes les fois qu'ils pensent en tirer quelque profit.

En Grande-Bretagne, Owen comptait des amis puissants près desquels il pouvait plaider la cause de la paix; mais il voulut faire de même aux Etats-Unis. Son fils aîné, Robert Dale Owen, étant alors membre du Parlement américain, Robert Owen se rendit en Amérique et, avec le concours de son fils, employa toutes ses forces à pacifier les esprits et à trouver un moyen d'entente entre les deux gouvernements.

Quatre fois, dans l'espace de deux ou trois ans, il traversa l'Atlantique pour mener à bonne fin ses travaux pacifiques. Les hommes d'Etat et les politiciens auxquels il s'adressait, en Angleterre comme aux Etats-Unis, l'écoutèrent avec attention. Les résultats qu'il obtint ne furent pas aussi favorables qu'il l'eût désiré ; néanmoins, la guerre n'eût pas lieu et Robert Owen jugea que ses efforts n'avaient pas été sans fruits.

Au cours de ses voyages en Amérique, Owen résidait à New-Harmony où sa famille s'était installée. En juin 1846, pendant qu'on discutait à Albany la nouvelle constitution pour l'Etat de New-York, Owen fut admis à prendre la parole devant la Convention qui siégeait ; il traita deux fois le sujet : *Des droits et des progrès humains*, s'efforçant d'indiquer aux législateurs leurs devoirs en cette matière.

Robert Owen était un semeur d'idées par la plume et par la parole. Mais les traits principaux de son caractère furent une forte conviction et une indomptable persévérance qui ne l'abandonnèrent jamais.

En 1851, alors qu'il était âgé de plus de 80 ans, il publiait dans son journal : « Le sol cultivable est iné-
» puisable ; le travail est en surabondance ; la puissance
» chimique et mécanique est illimitée ; les produits sont
» en excès ; les moyens de donner une bonne éducation
» à tous les hommes sont connus et facilement applica-
» bles ; les principes d'union des intérêts, des sentiments,
» des actions sont découverts : rien ne s'opposerait donc à
» la constitution d'un état social qui renouvellerait gra-
» duellement la face du monde. »

Constamment préoccupé des maux dont souffrait la multitude et croyant comprendre les moyens par lesquels on y remédierait, il s'efforçait d'ouvrir les yeux aux hommes, aux gouvernements, aux peuples, pour les amener à mettre un terme à ces souffrances que les générations se transmettent les unes aux autres. Ces préoccupations se retrouvent, comme nous allons le voir, jusque dans ses études spiritualistes.

XXX

Robert Owen et le spiritisme

Un fait à noter, c'est que Robert Owen, cet esprit si droit, si lumineux, qui avait toujours basé ses jugements sur des vérités démontrées, fut, à la grande surprise de ses amis, un partisan du spiritisme. Tout le monde sait que vers 1850, en Amérique d'abord, en Europe ensuite, des personnes prétendirent entrer en rapport avec leurs amis et leurs parents défunts. Owen fut de ce nombre. Nous enregistrons simplement le fait. Il prétendit converser avec des morts comme Jefferson, Channing, Benjamin Franklin, le duc de Kent, et recevoir d'eux des informations analogues à celles qu'on peut lire dans les livres spirites.

Dira-t-on que c'était le fait d'une intelligence affaiblie? Il est à remarquer qu'à la même époque, il rééditait ses ouvrages et publiait le préambule d'un Traité de fédération entre la Grande-Bretagne et les Etats-Unis de l'Amérique du Nord, de manière à constituer une union fédérale et à trouver le moyen de mettre fin à la guerre. C'était un rêve, dira-t-on, mais combien le monde gagnerait à ce que les hommes d'Etat rêvassent ainsi!

XXXI

Dernières apparitions publiques et derniers jours de Robert Owen. Ses funérailles. 1858.

En 1857, Robert Owen, malgré son grand âge (il avait alors 86 ans), assista au Congrès de l'Association nationale pour le progrès de la science sociale, qui se tint à Birmingham et y prononça un discours sur le gouvernement de la race humaine.

La même année, il publia, en deux volumes, l'histoire de sa vie.

L'année suivante, 1858, il voulut, malgré la faiblesse de sa santé et l'inclémence de la saison — on était alors en octobre — se rendre à Liverpool, où se tenait le deuxième Congrès de l'Association nationale pour le progrès de la science sociale. C'est que cette Association qui faisait battre le cœur du vénérable propagandiste, était le fruit de ses efforts et de son génie.

Il voulait y répéter encore une fois les conclusions pratiques auxquelles l'avait amené toute une vie dépensée en efforts pour le bien du peuple. Depuis quinze ans, Owen avait répété ses enseignements à son entourage ; il les avait communiqués au public sous toutes formes et en toutes occasions. Mais le sentiment des résistances que sa parole rencontrait le faisait revenir toujours sur le point qui lui paraissait essentiel à l'évolution de la race et le premier à réaliser : savoir, l'instruction solide, profonde, pratique ; la parfaite éducation intellectuelle et morale de toute la jeunesse.

Robert Owen démontrait que cet enseignement de la jeunesse était le plus effectif moyen d'assurer le règne de la justice, des égards mutuels, en un mot le règne du bien parmi les hommes ; et que cet enseignement était la seule base certaine de la prospérité nationale.

En arrivant à Liverpool, Owen se trouva tellement épuisé qu'il dut s'aliter. L'heure de l'assemblée venue — la dernière à laquelle il devait paraître — il demanda à M. Rigby, son secrétaire, de l'habiller. Sa faiblesse était telle que l'opération prit deux heures ! On l'installa ensuite dans un fauteuil et on l'emporta au lieu de la réunion. Quatre policemen le hissèrent sur la plate-forme.

La vénération et l'empressement avec lesquels son vieil ami, Lord Brougham, présent à la réunion, s'élança vers lui dès qu'il l'aperçut, l'aida à quitter son fauteuil, l'amena sur le devant de la scène et réclama pour lui l'attention de l'auditoire, est aujourd'hui un fait historique.

Owen, dans son grand style, commença à lire, encore une fois, le message qui lui était si cher, concernant la parfaite éducation de la jeunesse, comme premier moyen d'assurer le bien social.

Quand il arriva à la fin de la première partie de son discours, l'auditoire éclata en applaudissements. Lord Brougham, effrayé de la faiblesse de son ami, s'approcha de lui en disant : « Parfait ! Parfait ! cela sera, M. Owen, cela sera ».

Alors les amis d'Owen se rassemblèrent autour de lui et, comme il lui était impossible de continuer son discours, ils l'emportèrent. Dès qu'Owen fut remis dans son lit, il s'évanouit. Une heure après, il revint à lui et appela : Rigby ! Rigby !

— Me voici monsieur, répondit le secrétaire.

Owen s'informa de ce qu'il avait dit au Congrès, fut satisfait d'avoir pu proclamer encore une fois les vérités qui lui semblaient si essentielles, puis, de nouveau, il perdit connaissance.

Pendant deux semaines, Owen resta alité à Victoria-Hôtel. Un matin, se sentant mieux, il s'écria :

— Rigby, faites les malles, nous allons partir.

— Pour aller où, Monsieur ; à Londres ?

— Pour aller à mon lieu de naissance, je veux laisser mon corps au lieu où je l'ai pris.

On fit le nécessaire pour transporter Owen.

Parvenu à la frontière de l'Angleterre et du pays de Galles, il reconnut la contrée ; il y avait plus de soixante-dix ans qu'il n'était venu dans cette région. Il se souleva sur les coussins de la voiture et regarda autour de lui avec bonheur. Il était encore une fois sur sa terre natale ! Il exprima à Rigby combien il était sensible à la différence d'atmosphère. Arrivé devant un beau domaine qu'il avait parcouru dans son enfance, il dit : « Rigby, arrêtons-nous un instant et demandez si le docteur Johns est chez lui ? » Le secrétaire, étonné, lui répondit : « Mais monsieur, il y a vingt ans que le docteur Johns est mort. »

Owen était si profondément plongé dans les souvenirs de son enfance qu'il semblait être redevenu enfant lui-même. Apprenant que la maîtresse de la maison était une fille du docteur Johns, il dit : « Allez-la trouver, Rigby, et dites-lui que Robert Owen est à sa porte. »

Dès que cette dame eut entendu Rigby, elle accourut et, avec l'intuition féminine, reconnaissant en Robert Owen un ancien ami de son père, elle l'engagea à entrer chez elle et à se placer auprès du feu.

— Maintenant, monsieur Owen, lui dit-elle, vous voici de nouveau dans votre pays, parmi les vieilles habitudes de votre enfance. En quoi puis-je vous être agréable ?

La réponse du vieillard montra combien il était plongé dans ses souvenirs lointains :

— Faites-moi, lui dit-il, quelques *flumering* (gâteaux faits avec du lait et de la farine). On s'empressa de satisfaire à son désir ; il goûta à ces gâteaux et ce fut à peu près la seule chose qu'il mangea.

Arrivé à Newtown, son lieu de naissance, il descendit à l'hôtel, s'y reposa longuement ; puis, ayant fait un peu de toilette, il monta en voiture et ordonna d'arrêter à deux portes de la maison où il était né. Dans celle-ci demeurait un papetier, M. David Thomas. Owen pria Rigby d'y aller acheter deux mains de papier et de demander au négociant si c'était la maison dans laquelle était né Robert Owen ?

Rigby vit que le fait était connu et respecté, car le papetier se fit un véritable plaisir de lui montrer la chambre où Robert Owen était venu au monde. En même temps, soupçonnant qui était le visiteur étranger, M. Thomas demanda au secrétaire si la personne restée dans la voiture n'était pas Robert Owen ?

Rigby, non préparé à cette demande, fit une réponse vague, ce qui confirma M. Thomas dans ses soupçons ; il fut pleinement convaincu, lorsque reconduisant Rigby et s'approchant de la voiture, il fut en face d'Owen. Celui-ci, en effet, prit la main du papetier et la secoua deux fois chaleureusement.

Owen partit ensuite pour Shrewbury et par chemin de fer se rendit à Liverpool. Quelque temps après, il revint de nouveau à Newtown ; on ne voit d'autres motifs de ce voyage que le désir de revoir encore une fois le lieu de sa naissance et d'y réapparaître sous son propre nom. Dans l'intervalle, il avait écrit à M. David Thomas, le priant de lui permettre d'être son hôte, afin qu'il puisse encore une fois dormir dans la chambre où il était né. Il ajoutait que pendant son séjour à Newtown, s'il plaisait aux habitants de se réunir, lui, Owen, serait heureux de leur communiquer un important message. Une dernière fois, sans doute, il voulait redire au monde que le parfait enseignement de la jeunesse était la seule base certaine de l'évolution sociale.

M. David Thomas s'empressa de se mettre à la disposition d'Owen.

En se rendant à Newtown, Owen s'arrêta aux endroits qui lui rappelaient des scènes de sa jeunesse et en raconta à Rigby les traits les plus intéressants.

Bien qu'il dut être l'hôte de M. Thomas, il ne voulut pas se présenter chez celui-ci, sans être parfaitement remis : agir autrement eût été contraire à ses idées de courtoisie. Il descendit donc à l'hôtel où, pris d'une bronchite provoquée par la rigueur de la saison, il s'alita. Le docteur Slyman lui donna ses soins.

Pendant les huit jours que dura la maladie d'Owen, deux habitants de la cité : M. Levis, relieur, et M. David Thomas furent très assidus auprès de l'illustre malade.

Owen avait prié Rigby d'aller voir à l'église Sainte-Marie la place exacte de la tombe de son père. Il avait aussi envoyé chercher, à Londres, son fils Robert Dale Owen.

Durant toute la semaine, il ne prit que du sucre et de l'eau, bien que, dans son état d'épuisement, des stimulants eussent pu lui être utiles.

La veille de sa mort, il dressait encore de grands plans pour la transformation de Newtown, et quand on fit entrer le Ministre, Owen se mit à discuter avec lui sur les détails de sa nouvelle idée. Il le pria même d'aller voir les magistrats et les autorités locales pour s'assurer de leur coopération.

A un moment, le Ministre demanda au malade s'il ne regrettait pas « la folle dépense de sa vie en des plans non acceptés et dans des efforts sans fruits ? » Le vieux philosophe, les yeux brillants, répondit : « Non Monsieur, ma vie n'a pas été dépensée inutilement ; j'ai proclamé d'importantes vérités, et si elles n'ont pas été reçues par le monde, c'est que le monde ne les a pas comprises, comment l'en blamerais-je ? Je suis en avance de mon temps. »

A 1 heure 1/2 du matin, Owen dont les forces s'affaiblissaient de plus en plus demanda quelle heure il était ? Probablement, il n'entendit pas distinctement la réponse et crut qu'on lui avait dit : 2 heures 1/2. Craignant que ceux qui l'entouraient ne fussent trop fatigués, il affirma qu'il n'avait besoin de rien et pria qu'on le laissât seul. Malgré ce désir, on se tenait très près de lui. Au bout d'une heure, il demanda de nouveau l'heure ? On répondit : 2 heures 1/2. Au bout d'un même temps, il s'informa encore une fois de l'heure, et quand on lui eut répondu : 3 heures 1/2, son sens auditif s'étant affaibli, it entendit encore : 2 heures 1/2. Il dit alors en souriant : « Mais, voici trois heures qu'il est 2 heures 1/2. » Il pensait qu'on le trompait dans un but amical et il montrait par sa réflexion qu'il était en parfaite possession de son intelligence. Le même matin, vers 7 heures, en présence d'un ami et de son fils qui lui tenait la main, il expira paisiblement.

La lettre de l'honorable Robert Dale Owen, parue dans les journaux quotidiens du temps, est le meilleur récit des derniers moments de Robert Owen.

» Newtown Montgomeryshire
» 17 novembre 1858.

» Cher Monsieur,

» C'est fini. Mon père est décédé ce matin un quart » d'heure avant 7 heures, aussi paisiblement que s'il » entrait dans le sommeil. Il n'y eut pas le moindre » combat, pas une contraction de membres ni de mus- » cles, pas une expression de chagrin sur son visage ; » sa respiration s'affaiblit lentement, lentement, et cessa » si imperceptiblement que, moi, qui tenais sa main, je » pourrais à peine dire à quel moment il cessa de res- » pirer.

» Ses dernières paroles distinctement prononcées, en- » viron vingt minutes avant sa mort, furent : *Relief has* » *come*, (le soulagement est venu.) Une demi-heure au- » paravant il avait dit : *Very easy and confortable !* (Très » doux ! très agréable !).............

Le corps d'Owen fut transporté dans la maison où il était né. Son cercueil fut entouré d'un flot de draperies et, pour rappeler le nom des lieux où s'était d'abord exercé sa bienfaisante activité, on fixa sur le cercueil une plaque de cuivre portant, gravée, l'inscription suivante :

ROBERT OWEN, DE NEW-LANARK

NÉ LE 14 MAI 1771, DÉCÉDÉ LE 17 NOVEMBRE 1858

M. David Thomas qui avec une grande bienveillance s'était chargé des arrangements publics, convoqua aux funérailles les membres existants des anciennes associations ; quelques-uns d'entre eux furent désignés pour porter la bière, et trois des anciens camarades d'école de Robert Owen furent priés de diriger le convoi.

Les magasins de la ville se fermèrent en signe de deuil et de respect pour l'homme éminent qui était venu mourir au milieu de ses compatriotes.

La foule respectueuse et émue se massa sur le passage du convoi.

Robert Owen fut enseveli dans le monument où reposaient déjà son père, sa mère et ses frères. Le tombeau était construit dans le cimetière de l'église de Sainte-Marie, vieille église saxonne qu'on dit remonter au neuvième siècle. Les funérailles furent simples telles que l'avait été la vie entière du novateur. On respecta ainsi ses dernières volontés.

Les notabilités coopératives étaient accourues de diverses parties de l'Angleterre. L'une d'elles, quelques jours après, exprimant à Holyoake ses impressions au sujet de la cérémonie religieuse qui eut lieu à l'occasion des funérailles, écrivait :

Newtown, Montgomeryshie,
22 novembre 1858.

Mon cher ami,

« La tombe est fermée sur Robert Owen. Si de grands
» buts et une vie sans blâme constituent grandeur et
» bonté, Owen mérite la prééminence.

» Et quel travailleur ! Depuis l'année 1788 où un de mes » correspondants l'a vu rouler si habilement une pièce » de soie, c'est-à-dire pendant 70 ans, son esprit a tou- » jours été tendu vers le grand problème de l'évolution » de l'humanité. Il n'a jamais passé une heure dans » l'oisiveté, une heure sans se préoccuper d'arracher les » hommes à la dégradation de la misère, à la tyrannie » des classes, du capital et de la superstition.

» Comment a-t-on pu recourir, pour les funérailles » d'un tel homme, aux cérémonies d'un culte dont il s'é- « tait tant efforcé de démontrer les erreurs ? Je vis cela » avec une peine profonde...

« Signé : T. ALLSOP »

Holyoake, l'historien auquel nous empruntons ces renseignements, signale combien ce dernier cas était difficile. Owen avait désiré être enterré dans la tombe de ses ancêtres ; la tombe était dans un terrain consacré appartenant à l'Eglise ; il n'était donc pas possible d'éviter la cérémonie religieuse. Le recteur n'autorisa pas de discours sur la tombe. Passer outre eut fait du bruit. Or, la vie d'Owen ayant été paix et bonne volonté, mieux valait que dix ministres officiassent, plutôt que de troubler de telles funérailles par le plus petit scandale.

« Si j'avais eu le plaisir de connaître intimement Robert » Dale Owen », ajoute l'historien, « je lui aurais suggéré » -- puisque un ministre était indispensable — d'appeler » soit l'Archevêque de Dublin, soit tel autre personnage » de l'Eglise, connu par ses grands sentiments d'huma- » nité ; et je me serais incliné moi-même devant les céré- » monies accomplies dans un esprit qui les eût vrai- » ment sanctifiées ».

XXXII

L'Œuvre publique de Robert Owen. Résumé.

Pour juger convenablement l'Œuvre publique de Robert Owen, l'effort qu'il soutint pendant plus d'un demi-siècle, il faudrait lire tous ses discours, tous ses écrits, toute sa remarquable correspondance, tous les comptes-rendus de la presse sur les procédés du novateur, au cours de la longue période pendant laquelle il agita l'esprit public. Il faudrait, en outre, connaître exactement l'état de l'industrie à cette époque et la situation physique et mentale des classes ouvrières. Sans cela, il est difficile d'embrasser pleinement l'étendue de l'influence exercée par Robert Owen sur ses contemporains ; mais, c'est là une tâche trop considérable et trop longue pour lui faire place dans ce court résumé.

Aussi, pour apprécier d'un coup d'œil la grande figure de notre héros, nous contenterons-nous de reproduire quelques passages du discours prononcé par G.-J. Holyoake dans le *public Hall* de Rochedale, à l'occasion de la mort d'Owen.

« On reproche aux ouvriers », dit l'orateur, « d'être généralement ingrats envers ceux qui les servent, de recueillir des bienfaits sans chercher à qui ils les doivent, leurs préjugés ne les empêchant pas de recevoir mais prohibant d'avance toute reconnaissance. On ajoute qu'ils supportent de voir leurs bienfaiteurs mourir parmi eux, sans leur rendre jamais ni honneurs ni remerciements. La réunion de ce soir a pour but de repousser cette accusation et d'écarter de nous ce stigmate.

» Un grand homme public est mort : ROBERT OWEN. » Jamais le gardien du monde invisible n'a admis sous

» les mystérieux portiques un plus grand ami du peu- » ple.

» Depuis la fin du siècle dernier, Owen a toujours porté » haut la bannière des opinions avancées et le peuple » entier lui doit de la reconnaissance : les enfants, car » c'est lui qui, a fondé les écoles enfantines et ouvert » la voie de l'éducation nationale ; les professeurs, car » c'est lui qui, le premier, dressa le plan des écoles nor- » males ; les ouvriers en masse, non seulement parce » qu'il a le premier diminué la journée de travail, mais » aussi parce qu'il a suggéré ces systèmes de récréations » sociales et cette attention aux conditions physiques des » classes laborieuses qui s'imposent, aujourd'hui, comme » un devoir aux classes dirigeantes.

» Les Trades-Unions lui doivent reconnaissance, parce » que c'est lui qui conduisit à Lord Melbourne, en 1834, » leur grande et périlleuse députation (1) ; les coopéra- » teurs, parce que c'est lui qui leur enseigna le système » d'économie qui les distingue et par lequel l'ouvrier » fait de ses gains l'emploi le plus productif.

» Mais ce n'est pas seulement le peuple de la Grande- » Bretagne qui doit reconnaissance à Robert Owen ; ce » sont aussi, en toutes nations, les politiciens qui croient » à l'évolution des Etats par l'organisation de la paix » internationale ; car Robert Owen, bien avant la fonda- » tion des Sociétés de Paix et d'Arbitrage, se fit le défen- » seur de l'idée et s'employa comme médiateur pour évi- » ter la guerre entre deux grandes nations (2).

---

(1) En 1834, une émeute eut lieu à Manchester. Les lois de cette époque étant très rigides, de dures condamnations suivirent. Une grande effervescence se produisit alors chez les ouvriers de Londres. Cent mille hommes marchèrent, avec leurs bannières, vers le palais de Saint-James. Owen calma la colère des manifestants et les décida à envoyer une pétition qu'il rédigea en langage digne et modéré et qu'il fut chargé de présenter lui même au gouvernement, au nom de ces cent mille mandataires. Il présenta la pétition mais les ministres, effrayés d'un pareil mouvement, le reçurent fort mal, le considérant comme un agent de la foule et celle-ci, à son retour, eut bientôt fait de l'accuser de complicité avec le gouvernement.

(2) On trouve dans le *Manchester Examiner* du 23 novembre 1858 cette

» Personne dans ce siècle n'a été aussi sincèrement,
» aussi loyalement, un homme public que Robert Owen.

» Plus qu'aucun autre, il a apporté au bien-être du peu-
» ple un intérêt profond et sage.

» Il n'eut pas d'égal parmi ses contemporains et ne
» laisse pas de successeur...

» Non seulement l'Angleterre et l'Amérique, mais les
» capitales de toutes les nations civilisées ont, à un
» moment donné, répété le nom de Robert Owen. Des
» empereurs ont été ses hôtes ; des rois, ses auditeurs,
» des princes, ses amis ; des hommes d'Etat, ses corres-
» pondants ; des philosophes, ses associés.

» Les esprits avancés du siècle se tournaient vers lui
» comme vers une source de lumière ; les gouvernants
» pesaient ses paroles ; les peuples de l'Ancien et du
» Nouveau-Monde croyaient en lui comme en un sau-
» veur.

» De quelle force de caractère ne faut-il pas qu'un homme
» soit doué pour exercer une telle action !

» Ce n'est pas à un simple philanthrope mais à un
» homme dont l'habileté, la sincérité et la hauteur de vues
» étaient au-dessus de toute comparaison, que nous payons
» aujourd'hui le tribut de nos hommages. »

Cet extrait montre combien était profonde l'impression qu'Owen avait laissé parmi ses contemporains.

Sa bonté sans limite et son urbanité lui avaient valu un ascendant particulier sur les classes ouvrières. Nous constatons cette influence dans un document de l'époque. Il s'agit d'une Adresse qui lui fut envoyée, en 1834, par les Unionistes de Sheffield.

« Vous êtes venu parmi nous », dit l'Adresse, « comme un homme riche parmi les pauvres et vous ne nous avez pas appelé populace ; c'était un phénomène nouveau

---

appréciation du docteur J. Watts : « Je crois que nous devons aux bons offices de M. Owen l'exemption d'une seconde guerre américaine, les deux nations ayant accepté sa médiation ».

nour nous. Il n'y avait pas de ricanement sur vos lèvres, ni de mépris déguisé dans votre ton. » Ceci peint l'état d'âme des ouvriers anglais en face d'Owen, et nous indique aussi comment ils étaient généralement traités, il y a 60 ans.

Owen était à la fois un homme pratique et un apôtre ; comme apôtre, il voyait les hommes à travers sa propre bonté. Jamais, il n'agit d'après la maxime que les ouvriers pouvaient se jalouser entre eux comme le font tous les hommes. Le choix des individus qu'il faisait si bien comme manufacturier, il omettait de le faire comme fondateur d'associations. Et pourtant, combien cela eût été nécessaire au succès de ses propres tentatives !

Mais il faut se rappeler, pour expliquer ce dernier point, qu'Owen, comme la plupart de ses contemporains, avait été fortement impressionné par les événements de son temps. Il avait à peine quatorze ans quand éclata le coup de foudre de la grande Révolution française. Jamais un effort populaire n'avait produit si complet effondrement du trône et des institutions établies. Jamais pareille effervescence, pareil chaos n'avaient régné dans les esprits. Politiquement et religieusement tout était bouleversé, et les choses allaient si mal que nul n'avait l'espoir de les voir s'améliorer.

La France d'un côté, l'Amérique d'un autre avaient, toutes deux, à reconstruire leur société. Beaucoup d'hommes pensaient que le mieux était de tout refaire de fond en comble. Cette opinion fut longtemps et largement répandue.

Il n'est donc pas étonnant qu'Owen ait été conduit à faire ses tentatives sociales en acceptant, systématiquement, les hommes sans choix et tels qu'ils se présentaient. L'idée de refaire le monde, sans avoir au préalable approprié les individus à des conditions sociales nouvelles, était si générale alors, que le père même de la reine Victoria, le duc de Kent, présentant Owen à un meeting public, tenu à Londres en 1818, dans le Hall des francs maçons, disait :

« On peut se demander si la sécurité permanente de » l'Empire Britannique ne dépend pas des mesures qui » peuvent être promptement adoptées pour transformer » la condition des classes ouvrières. » Et, sur ces mesures, il priait Owen de s'expliquer.

La conviction d'Owen était que le système manufacturier de son temps, basé sur l'exploitation à outrance du travailleur, allait tomber en pièces par son propre poids. Il avait tort quant au temps, mais il avait raison quant au fait. Il voulait transformer le monde, mais le monde ne se laisse pas transformer ainsi. A toute réforme il oppose une force d'inertie considérable et annulle ainsi ou retarde les meilleurs efforts.

XXXIII

Conclusions

En résumé, quels étaient les principes d'Oven? ou plutôt que réclamait le novateur? Deux choses, à ses yeux, essentielles :

Primo. — Une meilleure instruction et éducation pour tous les enfants sans exception ;

Secundo. — Une répartition plus équitable des richesses résultant des découvertes et des transformations industrielles récentes.

Après un intervalle de trois quarts de siècle, le premier de ces désirs est en bonne voie de réalisation; toutes les nations civilisées se font, aujourd'hui, un devoir de consacrer à l'instruction publique des sommes de plus en plus considérables (1); et, suivant en cela l'exemple donné par l'Allemagne, la plupart des Etats ont rendu l'instruction primaire, gratuite et obligatoire.

Les écoles pratiques d'industrie et de commerce qui, depuis une dizaine d'années, se développent dans tous les pays industriels, tendent aussi à donner satisfaction à la première réclamation d'Owen, en réunissant sous le même enseignement l'instruction et l'éducation, et en évitant les déclassés, fruits encombrants d'un enseignement purement littéraire. On peut en dire autant des écoles professionnelles pour jeunes filles.

La seconde réclamation de Robert Owen : répartition plus équitable des richesses, est aussi en voie de trouver satisfaction sous deux formes :

1° La coopération commerciale qui, depuis l'introduction de la méthode Rochedalienne (2), a pris une extension considérable (3);

2° La participation aux bénéfices industriels qui, par les procédés d'application des Leclaire, des Laroche-Joubert, des Godin, se prête à une évolution mesurée, bien faite pour ouvrir les yeux des plus aveugles et convaincre les plus incrédules. Quant à ce qu'elle peut réaliser en faveur des travailleurs et à son rapprochement des désirs d'Owen, nous en avons un frappant

(1) En 1803, en Angleterre, l'instruction primaire, laissée à l'initiative des particuliers et surveillée par les ministres du culte, n'était rien ou presque rien. Un enfant sur 1.712 habitants fréquentait l'école.

En 1833, le nombre des écoliers s'élevait à 13 pour cent; l'Etat ne votait encore que 500,000 francs pour l'instruction primaire. En 1846, les subsides s'élèvent à 2,500,000 francs. En 1869, ils atteignent 18,711,400 francs ; en 1882, 96,181,954 francs ; en 1891, 153,124,500 francs ; et, en 1894, le budget de l'instruction publique absorbe à peu près 200 millions de francs. (Max Leclerc : L'éducation en Angleterre). Dans le même but, la France dépense, en 1895, 193 millions ; les Etats-Unis, 730 millions.

(2) La méthode dite Rochedalienne consiste à vendre les marchandises au cours de la place et à en répartir les profits au prorata des achats individuels.

(3) En 1893, la Grande-Bretagne comptait : 1,655 Sociétés coopératives comprenant 1,298,587 membres. Ces Sociétés possédaient un capital de 364 millions de francs, faisaient 1,260 millions d'affaires, et réalisaient 116 millions de bénéfices.

exemple dans le Familistère de Guise, fondé par J.-B-A. Godin (1).

Aujourd'hui, les problèmes économiques et sociaux, examinés séparément, sont mieux connus parce qu'ils sont mieux étudiés et leur solution devient ainsi plus facile. Au lieu de tenter de transformer le monde par des essais complets d'association, comme l'ont rêvé au commencement du siècle les Owen, les Cabet, les Fourier, les socialistes modernes suivent d'autres méthodes.

Les Anglais, utilisant l'extension récente du suffrage (2), poussent aux réformes d'initiative municipale et visent aussi à obtenir des bills qui, d'une façon progressive, règlementent le travail et en fixent les conditions de temps et d'hygiène.

Les Allemands, s'appuyant sur les masses populaires, tendent à la conquête des pouvoirs publics, pour organiser un idéal de collectivité qui rendrait l'Etat possesseur du sol, sous-sol, capitaux et autres instruments de travail.

---

(1) Le Familistère de Guise est l'institution qui paraît avoir le mieux réalisé les vues d'Owen. Par une heureuse organisation elle embrasse tout à la fois cinq branches : 1° L'éducation et l'instruction de l'enfance ; 2° Les pensions de retraite et d'invalidité, l'assurance mutuelle en cas de maladie et celle du nécessaire à la subsistance pour le travailleur surchargé de famille ; 3° La coopération commerciale ; 4° L'habitation unitaire dans d'excellentes conditions hygiéniques ; 5° La participation de l'ouvrier aux bénéfices industriels.

Cette dernière branche, tout en respectant la propriété individuelle qui comme institution a de si fortes racines, greffe sur ce tronc vigoureux le droit et le fait pour l'ouvrier de posséder enfin l'outil de son travail.

Un genre particulier de la forme actionnaire sous le nom de titre d'épargne, résout le problème d'éparpiller, entre des centaines et des centaines de possesseurs, la propriété d'un établissement indivisible de nature et de fonction, dont la valeur actuelle dépasse 10 millions ; et d'organiser les choses de telle façon que celui qui y travaille en devient tout naturellement le co-propriétaire.

Voir pour plus amples renseignements sur cette curieuse organisation : « Le Familistère de Guise et son Fondateur, par F. Bernardot. » En vente à la Société du Familistère, à Guise (Aisne). Prix : 4 francs.

(2) Le régime électoral de la Grande-Bretagne était au début de cette histoire dans un état tout à fait primaire : 6.751 électeurs, recrutés parmi les grands propriétaires terriens, formaient le contingent électoral de la nation. La réforme électorale, obtenue en 1832, éleva le chiffre des électeurs à un peu moins de 600 mille. Depuis, des étapes successives en ont porté le nombre à plus de 6 millions.

D'autres, enfin, et ceux-ci dans tous pays, laissant de côté les compétitions politiques, adoptent la méthode expérimentale, fractionnent le problème et le spécialisent. Ils demandent aux coopératives commerciales, à la participation aux bénéfices, aux coopératives de production, le secret des formes évolutives de notre civilisation, secret qu'Owen ne cessa de poursuivre.

Nous constatons déjà l'énorme extension de ces dernières expériences et, sur leur succès, nous bâtissons de grandes espérances. Mais, quel que soit l'avenir réservé à ces divers systèmes, nous croyons pouvoir dire que la civilisation, dans ses branches industrielles et commerciales, marche indubitablement vers l'association, par la transformation en grands magasins et en grandes usines des organes de production et d'échange; et que, par les formes économiques futures, l'empire du monde appartiendra aux systèmes qui, organisant **le plus largement l'instruction et l'éducation,** — et réservant la part de l'invalidité, de l'enfance et de la vieillesse — donneront à l'homme, avec l'assurance d'une vie meilleure, **tout le produit de son travail, rien que le produit de son travail.**

C'est l'idéal de justice auquel aspirait Owen, qu'il tenta de réaliser de toutes ses forces et en tous lieux et auquel il consacra toute sa vie.

FIN

NOTA

Pour plus amples détails sur Robert Owen, consulter les ouvrages suivants :

Robert Owen and his philosophy, par W. Lucas Sargant. Londres, 1860.

En vente au Central cooperative Board, City Buildings, Corporation Street, Manchester, Angleterre :

The History of co-operation in England, by George Jacob Holyoake.

Life and last Days of Robert Owen, by George Jacob Holyoake.

The life, times and labours of Robert Owen, by Lloyd Jones.

En vente chez J. B. Lippincott and C°, Philadelphia, Etats-Unis d'Amérique :

History of American Socialisms, by John Humphrey Noyes.

PRINCIPAUX OUVRAGES DE ROBERT OWEN :

Book of the New moral World.

Development, or Principles of Home Colonization.

Egyptian Hall Lectures, in reply to the Bishop of Exeter.

Manifesto in reply to the Bishop.

Lectures on Marriages of the Priesthood.

Adress at the Opening of the Institution at New Lanark.

Report to the County of Lanark.

Signs of the Times.

Adress to socialists.

Lectures at the Mechanics'Institution.

Owen and Brindley's Discussion.

Adress on Eighty-fourth Birthday, and Legacy.

Inauguration of the Millennium.

Adress ou spiritual Manifestations

The Millennium in practice.

Report of the great preliminary Meeting on the Coming Millennium.

The new existence of Man upon the Earth:

Part. 1 with. an Outline of M. Owen's early life, and his adresses, etc, 1815 and 1817.

Part 2 with adress on Opening the original Infant School 1816; Mémorials to the Congress of Aix-la-Chapelle 1818; and Essays on the formation of character 1812-13.

Part 3 with report to Lanark County.

Part 4 with proceedings in Dublin.

Part 5 with Evidence respecting New Lanark.

Part 6 with Record of spiritual Manifestations.

Part 7 with Outline of a New Gouvernment, etc.

The future of the Human Race; to be attained through the agency of spirits.

National Review, etc. 4 parts and 1 vol.

Journal, Four vols.

The Révolution in Mind, etc,

Letters to the Human Race.

Life, two vols.

Millennial Gazette, 1856-8, 16 numbers.

TABLE DES MATIÈRES

Nimes, imp. veuve Laporte, ruelle des Saintes-Maries, 7 — 490

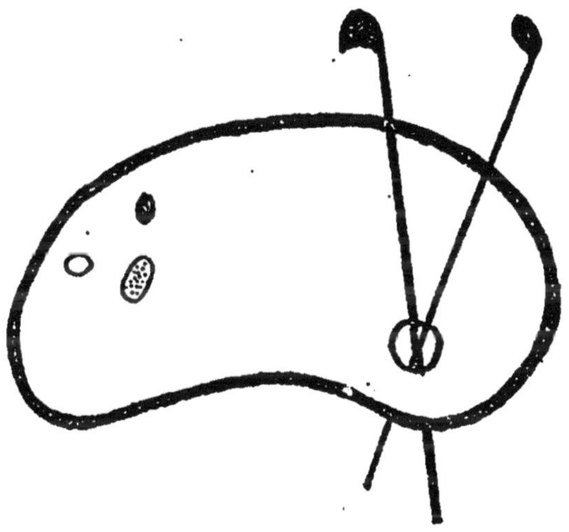

www.ingramcontent.com/pod-product-compliance
Ingram Content Group UK Ltd.
Pitfield, Milton Keynes, MK11 3LW, UK
UKHW020254250726
13967UKWH00004B/1667